novas buscas em comunicação

VOL. 58

Dados Internacionais de Catalogação na Publicação (CIP)
(Câmara Brasileira do Livro, SP, Brasil)

Yorke, Ivor.
 Jornalismo diante das câmeras / Ivor Yorke ; [tradução de Mauro Silva]. – São Paulo: Summus, 1998. (Coleção Novas buscas em comunicação; vol. 58)

 Título original: Basic TV reporting.
 ISBN 978-85-323-0617-3

 1. Jornalismo - Técnica 2. Jornalismo noticioso - Técnica 3. Repórteres e reportagens 4. Telejornalismo I. Título. II. Série.

 98-0250   CDD-070.195

Índices para catálogo sistemático:

1. Jornalismo noticioso na televisão   070.195
2. Notícias na televisão : Jornalismo   070.195

Compre em lugar de fotocopiar.
Cada real que você dá por um livro recompensa seus autores
e os convida a produzir mais sobre o tema;
incentiva seus editores a encomendar, traduzir e publicar
outras obras sobre o assunto;
e paga aos livreiros por estocar e levar até você livros
para a sua informação e o seu entretenimento.
Cada real que você dá pela fotocópia não autorizada de um livro
financia o crime
e ajuda a matar a produção intelectual de seu país.

Jornalismo diante das câmeras

Ivor Yorke

Do original em língua inglesa
BASIC TV REPORTING
Copyright© 1990 by Butterworth-Heinemann
Direitos desta tradução adquiridos por Summus Editorial

Tradução: **Mauro Silva**
Revisão técnica: **Laurindo Lalo Leal Filho**
Capa: **Roberto Strauss**

Summus Editorial
Departamento editorial:
Rua Itapicuru, 613 – 7º andar
05006-000 – São Paulo – SP
Fone: (11) 3872-3322
Fax: (11) 3872-7476
http://www.summus.com.br
e-mail: summus@summus.com.br

Atendimento ao consumidor:
Summus Editorial
Fone: (11) 3865-9890

Vendas por atacado:
Fone: (11) 3873-8638
Fax: (11) 3873-7085
e-mail: vendas@summus.com.br

Impresso no Brasil

SUMÁRIO

PREFÁCIO 9

AGRADECIMENTOS 13

INTRODUÇÃO ....

Capítulo 1
Então você quer trabalhar na televisão 17
O que faz um repórter 17
Um lugar na fila do táxi 18
Qualidades que fazem um bom repórter 22
O repórter como gerenciador 24
A busca da notícia 26
Entendendo a televisão 28

Capítulo 2
A máquina de notícias 32
Futuro 32
Planejamento e atribuição de tarefas 34
Fontes 38
Como lidar com os contatos 39

Capítulo 3
O começo 42
Sete dias de autotreinamento (1) 42
Sete dias de autotreinamento (2) 44
Aproveitando o máximo do seu talento 46
Vestindo-se apropriadamente (1) 48
Vestindo-se apropriadamente (2) 50

Produção da voz	52
Clareza na locução	54
Um amigo entre o público	58

Capítulo 4

Técnicas de redação	61
Como escrever para a televisão	61
A boa linguagem	62
Evitando ofensas desnecessárias	65
O objetivo é ser compreendido	67
Palavras e imagens	68
Utilizando a decupagem	70

Capítulo 5

A cobertura da matéria	76
Apresentando a equipe de reportagem	76
Quem é quem na equipe de reportagem	78
Importância dos operadores de câmera	80
O equipamento de câmera	82
Som	84

Capítulo 6

Técnicas básicas de reportagem	87
Stand-ups	87
Auxiliares de memória	88
A arte da entrevista	90
Preparativos para a entrevista	93
Técnicas de entrevista	96
Tipos de entrevistas	98
Contraplanos	100

Capítulo 7

O repórter como produtor	103
Construindo a matéria (1)	103
Construindo a matéria (2)	105
Edição de imagens	111
O que aproveitar, o que desprezar	112
Seu lugar no programa	114

Capítulo 9
O retorno 118
Na rua 118
Cobertura internacional 120
O correspondente internacional 122
A vez da "Brigada de Incêndio" 124
Em solo estrangeiro 126
Satélites para comunicações 128
Como sobreviver.. 130
O código de sobrevivência do jornalista................. 131

Capítulo 9
O repórter como apresentador......................... 134
O âncora.. 134
No estúdio.. 135
A postura perfeita.. 136
O tele-*prompter*... 140
Técnicas de tele-*prompter*.............................. 142
Ponto eletrônico... 144
Parceria entre apresentadores............................ 146
Entrevista no estúdio (1) 148
Entrevista no estúdio (2) 150
Como lidar com os astutos 154
O entrevistado no ataque................................. 156
A participação do público 157
Talk shows.. 161
Telefonemas no ar 164
Quando as coisas dão errado 165
Últimas observações sobre entrevistas.................... 166
Documentários... 168
A utilização do filme 170
Narração 172

Capítulo 10
Ética... 176
Quem é tendencioso?...................................... 176
Os limites do bom gosto.................................. 177
Outros códigos de conduta 184
O oxigênio da publicidade 186
Jornalismo investigativo................................. 187

Questões legais (1) 188
Questões legais (2) 189

CONCLUSÃO 191
A reportagem para a televisão no ano 2000 191
O futuro do jornalismo na televisão 192

GLOSSÁRIO 195

LEITURAS ADICIONAIS 201

PREFÁCIO

As funções jornalísticas mais glamourosas na televisão, em qualquer parte do mundo, são as de repórter e de âncora. Elas povoam os sonhos e as ambições de milhares de jovens que lutam por ingressar no mercado da televisão e dentro dele alcançar aquelas funções. Isso tem a ver com uma série de características que marcam esses trabalhos, algumas reais, outras fantasiosas, como a popularidade, a intimidade com o poder, os altos salários e a possibilidade de conhecer o mundo. Para conquistar tudo isso, aqui no Brasil, os caminhos sempre passaram por um rosto bonito, uma voz agradável e alguma preparação técnica. Com a concorrência cada vez mais acirrada, as coisas começam a mudar. Além dessas condições, são necessários mais conhecimentos especializados e uma constante atualização, tanto do conteúdo como da forma de fazer telejornalismo.

É disso que trata o livro de Ivor Yorke. Fartamente ilustrado, ele é um guia para quem quer fazer jornalismo diante das câmeras de televisão. Para o Brasil um texto desse tipo pode parecer um luxo. Se ainda carecemos de bons e abrangentes manuais de telejornalismo, como justificar a publicação de um livro que detalha e aprofunda apenas duas das várias atividades profissionais que, combinadas, fazem um telejornal? A resposta é que se trata de um livro precioso do ponto de vista didático, e que tem nas funções de repórter e de âncora as portas de entrada para um minucioso detalhamento do processo de produção e de emissão do jornalismo televisivo. Embora sem essa pretensão, o autor acaba produzindo um verdadeiro manual de telejornalismo, indo muito além do detalhamento das duas funções a que se propôs descrever.

Ao começar respondendo à pergunta "o que faz um repórter?", ele sistematiza a prática diária de milhares de repórteres espalhados por todo o mundo, que se tornou rotineira e repetitiva, mas raramente trans-

9

mitida por escrito. Por incrível e contraditório que isso possa parecer, a transmissão de conhecimento nessa área ainda é feita oralmente, contrastando com a sofisticação das ferramentas de trabalho usadas por esses profissionais.

Ao romper com isso Yorke discorre sobre as origens do telejornalismo, discute o caminho entre o fato noticioso e sua transmissão pela televisão, mostra as características de um bom repórter, ensina como ele deve se relacionar com sua equipe técnica e descreve o funcionamento da televisão, cujos detalhes precisam ser dominados pelo jornalista, para que ele se sinta seguro ao desenvolver seu trabalho. Só assim é possível empregar com correção e a maior eficiência possível todas as potencialidades do veículo.

Discorrendo sobre as especificidades do texto escrito para a televisão, o autor não se dirige apenas ao repórter, ou, menos ainda, ao âncora, mas a todos os redatores e editores de telejornalismo. O mesmo ocorre quando o tema é o trabalho de decupagem ou a arte de casar palavras e imagens com perfeição. Aí há uma aula de edição.

No caso particular do repórter, a discussão vai além da televisão, mostrando o que há de comum nessa função, seja ela realizada em qualquer meio de comunicação. A questão das fontes, das informações em "off" e dos cuidados na verificação de dados antecedem a saída da equipe para a rua. O livro descreve o planejamento e ação desse trabalho. Apresenta também os cuidados que devem ser tomados com a aparência, com as roupas usadas, com a pronúncia, com a clareza da dicção e até com a transmissão de uma certa empatia, tornando o repórter um amigo do telespectador. O exemplo é o âncora do principal telejornal da BBC, o "Nine O' Clock News", Michel Buerk, que combina aquela função com a de repórter.

Se o livro ressalta o que há de similar entre a atividade do repórter de jornal e de televisão, ele mostra também, de forma bem detalhada, as especificidades do trabalho do tele-repórter. São informações que ocupam a maior parte do livro. Apresenta o repórter como um produtor de televisão e dá exemplos concretos, com a reprodução de um roteiro para uma matéria sobre novas técnicas de controle de tráfego numa região do Reino Unido. Para produzi-la o repórter teve de dominar com segurança a linguagem e os demais meios inerentes à televisão.

São elementos técnicos que garantem a eficiência da transmissão do conteúdo. Um repórter ou um âncora seguros, bem informados e, mais do que isso, conhecedores de certos truques capazes de transmitir essa segurança ao telespectador, ganham uma credibilidade muito maior junto ao público. Com o aumento do número da oferta de telejornais, e com novas variações de formato, está ficando cada vez mais fácil para o telespectador perceber a diferença entre um repórter ou apresentador que fala com convicção, mostrando que domina o assunto sobre o qual está falando, e aquele que simplesmente lê o que outra pessoa escreveu.

Reportagens de rua, em meio ao público, e as próprias circunstâncias do acontecimento relatado exigem características e formação especiais do repórter de televisão. O livro dá boas orientações sobre como atuar nessas condições e vai mais além ao dar dicas de que recursos o repórter pode usar para manter a calma e a segurança no ar, não esquecendo de relatar dados importantes na hora da transmissão.

A passagem do repórter para o papel de âncora também é analisada detalhadamente. Embora essa prática seja comum na Europa, só agora ela começa a se firmar no Brasil. E a tendência é de que se amplie, já que não há nada melhor do que a segurança de um experimentado repórter para conduzir a apresentação de notícias e de entrevistas no estúdio.

Essa parte do livro é fundamental para orientar o treinamento de futuros apresentadores, seja nas escolas, seja nas emissoras de televisão, interessadas em ampliar seus quadros de jornalistas com habilidade para conduzir telejornais. E aí está um ponto do texto que é de grande atualidade para o Brasil. Os locutores que apresentam telejornais estão com os dias contados. A tendência irreversível é a da sua substituição por jornalistas capazes de atuar com desenvoltura e segurança diante das câmeras. Para esses profissionais o livro será de muita utilidade. Ele ensina como ter a melhor postura para aparecer bem no vídeo, como usar o "tele-prompter", como manter a atenção dos telespectadores e até como tratar entrevistados que ignoram as perguntas e fogem do assunto que está sendo debatido.

E, finalmente, o livro toca num tema pouco discutido no Brasil, mas que, nas circunstâncias atuais de nossa televisão, deve estar cada vez mais presente nas discussões públicas: a questão ética. Ele compara o trabalho do repórter ao do médico, realizado em meio à mortes e ao sofrimento humano e alerta para o fato de que a presença das câmeras de televisão pode servir para exacerbar ânimos e agravar situações, por si só já dramáticas. Nada mais atual para a televisão brasileira, onde o vale-tudo pela audiência atropela diariamente os limites da dignidade humana. Alerta também para os cuidados que devem ser tomados nas matérias de jornalismo investigativo e trata de questões como imparcialidade e bom gosto, para terminar com algumas idéias sobre a reportagem no ano 2000 e o futuro do telejornalismo.

Todas essas informações são ilustradas com exemplos concretos, retirados do dia-a-dia das emissoras de televisão, o que dá ao texto um sólido caráter prático e atual.

Laurindo Lalo Leal Filho,
jornalista, professor da Escola de Comunicações e Artes da USP/SP e apresentador de televisão.

AGRADECIMENTOS

Agradeço particularmente a todos aqueles que forneceram ilustrações para este livro ou que ajudaram na pesquisa de imagens.

Meu muito obrigado, portanto, a James Feltham e Graham Milloy da BBC Central Stills; Anthony Painter, editor de imagens, Sky; Chris Lambert, Broadcast Developments Ltd, Autoscript; Teleprompter; Brian Barker, EDS Portaprompt; Hans Rietveld, Key West, Holland; Quantel; Tim Orchard, por me confiar lembranças de seu trabalho nos Estados Unidos; ao Instituto Internacional de Imprensa por permitir a citação de *Jornalistas em Tarefas Perigosas*; Colin Shaw, diretor da Broadcasting Standards Council, pela reprodução de partes do projeto de seu código; Phil Ashworth e Sarah Finley, por servirem como modelos de algumas ilustrações.

Agradeço também àqueles que gentilmente leram o manuscrito, na íntegra ou em parte, oferecendo-me assim o benefício de suas sugestões: Bernard Hesketh, Mike Scarlett, Tom Wragg e, finalmente, Rob Kirk, editor da *Thames News*, que me fez lembrar que a reportagem, embora seja séria, fascinante (para alguns) e exija responsabilidade, também costuma ser muito *divertida*.

Ivor Yorke

INTRODUÇÃO

No mundo inteiro, entre todos os jornalistas e técnicos envolvidos na produção de noticiário para a televisão e de programas relacionados com a notícia, poucos — se é que existe algum — despertam mais interesse, controvérsia e inveja do que as "estrelas" — aquele pequeno número de felizardos que aparecem diante do público como apresentadores ou repórteres. Pergunte a qualquer jovem jornalista de televisão qual a carreira ideal, e nove entre dez recitarão uma lista de nomes daqueles cujas proezas eles acompanham entusiasticamente em reportagens feitas em áreas de tensão no mundo todo, e cujo exemplo adorariam seguir, se tivessem uma oportunidade. Pois, não importa o quanto se enfatize que o poder e a responsabilidade estão em grande parte nas mãos de produtores e editores, é difícil convencer os jovens a não se deslumbrarem com o fascínio de aparecer freqüentemente na televisão, diante de milhões de pessoas. O anseio de dividir com os repórteres internacionais um lugar "na primeira fila da história", como parte do dia-a-dia de seu trabalho, continua exercendo uma poderosa atração sobre os jovens e ambiciosos.

Embora talvez não parem para pensar se estão física ou mentalmente preparados para exercer uma função tão espinhosa, a maioria pelo menos reconhecerá que é um caminho difícil, e que repórteres e seus estilos, assim como acontece com um determinado penteado, podem, por um motivo insignificante ou sem motivo nenhum, rapidamente sair da moda. Mas as evidências da volubilidade do público, para não dizer dos executivos que dirigem a televisão, raramente conseguem fazer alguém desistir, salvo os medrosos. Quase todos simplesmente querem saber qual o preço que devem pagar pelo sucesso, e como chegar na frente da fila aos pés da escada.

15

A primeira coisa que precisam saber é que muitos dos mais famosos repórteres de televisão tiveram um aprendizado de bastidores no jornalismo impresso ou no rádio antes de terem a chance de aparecer diante das câmeras. Apesar de algumas empresas de fato arriscarem a contratação de repórteres sem experiência ou treinamento prévio, outras insistem em que o desenvolvimento do talento potencial para a tela resulta de uma firme definição de rumos, de uma formação cuidadosa e da prática adquirida ao longo do caminho.

Nem todos os iniciantes podem ter a vantagem dessa instrução profissional, ou mesmo dos melhores cursos acadêmicos que combinam prática e teoria. Para quem está aprendendo sozinho, há centenas de perguntas relacionadas a estilo, técnica e apresentação.

O objetivo deste livro é dar pelo menos algumas respostas.

Capítulo 1
ENTÃO VOCÊ QUER TRABALHAR NA TELEVISÃO

O QUE FAZ UM REPÓRTER
As funções de repórter e "apresentador" podem coincidir.

Poucos daqueles que aspiram a ser repórteres de televisão possuem mais do que uma vaga noção do ofício. O trabalho está lá, na tela, 24 horas por dia — mas não é tão fácil saber exatamente como os repórteres operam, onde começa e termina sua responsabilidade, qual o seu lugar na cadeia editorial, e assim por diante. Pode-se também perdoar o público por confundir o papel do repórter com o do âncora/apresentador, pois as funções às vezes se sobrepõem. Sem dúvida, a reportagem pode ser vista como um degrau natural para a segurança e o aconchego do estúdio, mas uma vez instalados como parte do processamento da notícia — contrapondo-se ao grupo que a colhe — os repórteres geralmente não são tanto os produtores de seu próprio material quanto os modeladores do material alheio.

Origens do jornalismo na televisão

Quando você se torna um jornalista de televisão, está entrando numa profissão jovem com raízes principalmente nos jornais, revistas e rádio. Pode ser um mundo confuso: aqueles que nele trabalham relutam em admitir que fazem parte do *show business*, e muitos títulos de cargos indicam uma ligação remanescente com o jornalismo impresso. Assim, subeditores, redatores, editores, repórteres e correspondentes ainda são encontrados ao lado de roteiristas, produtores, diretores e apresentadores.

Notícias escritas para a televisão recebem o nome de "scripts" e não de "textos".

Responsabilidades da reportagem

A função que você tem de desempenhar depende totalmente do empregador. Em algumas organizações, os repórteres fazem apenas reportagens; em outras, espera-se que eles se desdobrem em operadores de câmera ou em editores de imagem. Embora o cargo possa abranger qualquer um desses deveres, ou todos, o que geralmente distingue os "repórteres" de outros jornalistas de televisão é o fato de eles "conseguirem uma história". Provavelmente, isso significa assumir responsabilidade editorial pelo conteúdo, forma e coerência final de toda uma reportagem de televisão — avaliar no local o potencial de notícia de um evento e das pessoas envolvidas, fazer entrevistas, apresentar-se diante da câmera e escrever comentários narrativos, bem como coordenar as atividades da equipe de reportagem. Talvez tenha também de participar da logística de reuniões de pauta. Ninguém é promovido por um trabalho brilhante que chega tarde demais para ser incluído na programação para a qual foi feito.

Não pense, porém, que passará a vida toda na estrada. Você ficará na sala de redação uma boa parte do tempo, ocupado em acompanhar *leads* de histórias, escrever *scripts* ou gravar "offs" para imagens ou compilações que chegam das agências de notícias. É provável também que seja chamado para conduzir, ao vivo, entrevistas em estúdio cuja ênfase está na habilidade de se apresentar como um trapezista de circo — sem a rede de segurança.

UM LUGAR NA FILA DO TÁXI
O repórter de televisão faz parte de uma equipe.

A não ser que você trabalhe para uma empresa pequena onde os repórteres precisam tomar a iniciativa e ter suas próprias idéias, sua primeira responsabilidade como iniciante será buscar a notícia. As chefias de reportagem decidem quais são os eventos dignos de cobertura, designando o pessoal que irá cobri-los. A chefia controla as atividades do repórter em nome do editor de notícias, que provavelmente o designará às vezes como substituto, o que lhe trará experiência.

1. Faz pesquisa de campo

2. Decide sobre o conteúdo e a forma

3. Supervisiona a equipe de reportagem

4. Faz entrevistas

5. Apresenta-se diante da câmera

6. Escreve e grava sua voz em *off*

7. Mantém contato com a base

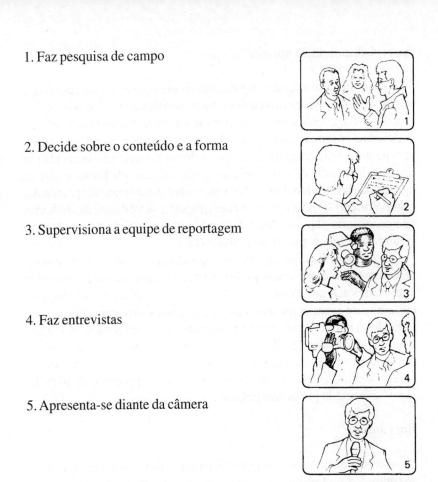

O que faz um repórter
　Em campo, os repórteres estão encarregados de cobrir histórias como representantes de seus programas ou empresas de comunicação. Suas responsabilidades incluem gerenciamento da equipe de reportagem e controle do conteúdo editorial.

A previsibilidade da notícia

A notícia é um fenômeno bem mais previsível do que parece, e grande parte dos programas que incluem notícias resulta de boas informações sobre eventos antes que estes aconteçam. A informação antecipada sobre assuntos de rotina e também sobre temas mais relevantes flui sem parar na sede de qualquer empresa de comunicações, fornecida por um grande número de fontes oficiais e não-oficiais; ela forma a base da agenda dos programas diários convencionais. A natureza inesperada das outras notícias significa que às vezes o repórter se vê diante das histórias apenas quando elas surgem. Não é por nada que a sala de reportagem costuma ser conhecida como a "fila do táxi".

A incumbência dos repórteres especializados, que são na verdade repórteres mais experientes, pode ir além de simplesmente acompanhar a rotina dos acontecimentos, e, assim, eles exercem maior influência na cobertura de eventos que não estão na agenda. Outros programas relacionados a notícias, cuja proposta seja abranger períodos mais longos, operam de forma bem diferente. Aqui o repórter poderá fazer parte de uma equipe envolvida em pesquisa, ou ser contratado para fornecer voz e rosto aceitáveis na conclusão de um detalhado processo de planejamento executado por outras pessoas.

Em campo

Se você já trabalhou em jornais ou em rádio provavelmente atuou sozinho. Como repórter de televisão, você faz parte de uma equipe. Embora a tendência seja para a utilização de turmas menores, as práticas de trabalho atuais ainda exigem um operador de câmera, um operador de som e possivelmente um assistente de iluminação ou eletricista para montar e supervisionar um equipamento portátil de iluminação. Às vezes, um produtor pode se juntar ao repórter, atuando como um elo entre ele e a equipe de reportagem.

Edição

Uma vez concluída sua responsabilidade na cobertura de uma notícia, o próximo passo na cadeia editorial é dado pelos editores de imagem, que juntam imagens e sons na ordem apropriada para a transmissão. Às vezes, você terá de supervisionar este trabalho; senão, o pro-

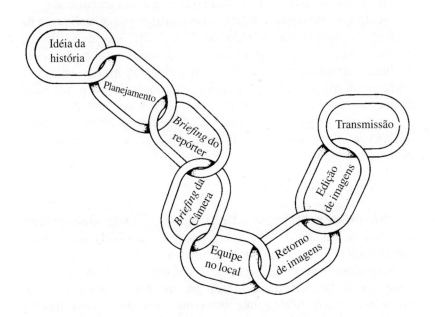

A cadeia editorial

O repórter representa um elo na cadeia editorial, que começa com a idéia para uma história e termina com sua transmissão como parte de um programa. A maior parte dos programas de notícias divide as responsabilidades editoriais. Os repórteres pertencem a um grupo de jornalistas (*intake/input*) que se dedica a colher notícias. O outro grupo (*output*) processa e prepara o material para transmissão.

dutor ou editor do programa é quem toma as decisões sobre o conteúdo e a duração da matéria (ver p. 112).

QUALIDADES QUE FAZEM UM BOM REPÓRTER
Seja determinado, mas saiba quando recuar.

As qualidades que fazem um bom repórter são as mesmas que fazem um bom jornalista em qualquer outro meio de comunicação. As forças que impulsionam a maioria daqueles que embarcam na carreira — "faro" para a notícia, ceticismo nato, sede de verdade e conhecimento e desejo de se comunicar — devem ser combinadas com qualidades de natureza mais física: no mínimo, uma aparência razoável e uma voz aceitável dentro dos padrões de transmissão (ver p. 52). Mais do que isso, você precisará deixar de lado suas suscetibilidades, ostentar uma certa arrogância e aprender a não se intimidar com o grande número de outros profissionais de imprensa que se concentram nos eventos importantes.

Persistência... e sensibilidade

Não espere poder se esconder na multidão e ainda assim ser bem-sucedido, pois nenhuma empresa de televisão envolvida na cobertura jornalística *in loco* sobreviveria por muito tempo se seus repórteres tivessem a permanente incapacidade de conseguir uma história. O atrevimento é inerente à natureza do trabalho; portanto, às vezes é necessário abrir caminho para obter uma entrevista. Não se podem inventar citações para a câmera.

Por outro lado, espera-se que o bom repórter de televisão saiba intuitivamente como reagir em situações que exigem sensibilidade e ponderação. É preciso tato, solidariedade e capacidade para reconhecer o momento de se retirar discretamente de uma história em que, digamos, houve perdas de vidas.

Amor pela linguagem

Supõe-se que todo candidato a jornalista saiba escrever. Para alguns, a habilidade com a ortografia não é tão importante. O que ninguém duvida é que bons repórteres devem ter um talento natural para a linguagem, uma intuição para usar a palavra certa na hora certa. Já que

Qualidades que fazem um bom repórter

Paciência e persistência fazem parte do perfil de um repórter, mas no empurra-empurra característico do mundo da notícia ninguém pode dar-se ao luxo de ser deixado para trás pela concorrência. A imprensa do mundo todo está em vigília (1) na porta do hospital de Londres, onde a duquesa de York deu à luz seu primeiro filho, a princesa Beatrice, em agosto de 1988 (foto do autor), e (2) no local do desastre aéreo com um avião da British Midland, próximo à rodovia M1, em janeiro de 1989. (Cortesia da BBC Central Stills) a maioria das emissoras de televisão insiste para que seu precioso tempo não seja desperdiçado, a pressão é para produzir um material disciplinado, enxuto e econômico. Os pontos de destaque de cada item devem ser dispostos de maneira sensata e coerente, a linguagem reduzida ao essencial e condizente com as imagens.

Olho clínico para a imagem

Embora seja responsabilidade do cinegrafista colher as imagens, o bom repórter desenvolve a compreensão do elemento visual. A regra é que palavras e imagens devem andar juntas. A divergência leva à competição entre as duas, distraindo o público. Nesse caso, sempre prevalece o poder da imagem.

O REPÓRTER COMO GERENCIADOR
Saiba o que você quer da equipe de reportagem.

Não demorará muito para que, em qualquer programa de notícias, uma equipe de reportagem consista apenas em duas pessoas — um repórter e um técnico. Até que isso se torne um procedimento padrão, saber agir como um líder de equipe continuará sendo parte integrante do trabalho do repórter, assim como o encarregado da equipe de câmera tem responsabilidade editorial pela história. Profissionais resolutos inevitavelmente têm diferenças de opiniões de vez em quando, o que torna o "gerenciamento" uma perspectiva desanimadora; mas mesmo como iniciante você deve ter autoconfiança, tomar as rédeas e determinar o ritmo. Saiba sempre o que você quer, pois equipes inexperientes ou contratadas para serviços temporários esperam seguir instruções — às vezes ao pé da letra.

Relacionamento repórter—equipe

Por ser uma combinação de processos criativos, a elaboração de toda reportagem de televisão produzirá resultados bem melhores quando a relação de trabalho entre o repórter e a equipe for positiva e não houver desentendimentos entre os membros do grupo. Em algumas circunstâncias, o grau de união na determinação de buscar a notícia pode ser a diferença entre a vida e a morte.

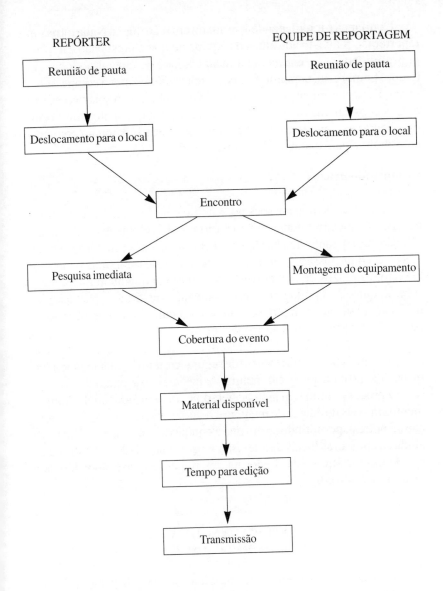

Gerenciando uma história que é notícia

Qualquer que seja a tarefa, faça um esforço consciente para concluir todas as etapas, de modo que o material chegue à redação — seja qual for o meio — em tempo de ser transmitido como parte do programa a que se destina. Tenha um tempo extra suficiente para que sua história seja editada no local ou para que o material seja editado em outro lugar. Inclua sempre uma margem de segurança, especialmente quando estiver atuando no exterior.

Confiança e interdependência atuam em mão dupla. Nada torna um repórter tão malvisto aos olhos da equipe do que a presunção e a irresponsabilidade, especialmente a incapacidade de chegar ao local em tempo. Lembre-se, também, de que é importante manter a equipe informada. Diga claramente o que espera dela. Embora não seja necessário conhecer os detalhes técnicos de cada peça do equipamento, uma noção rudimentar e o interesse em saber como as coisas funcionam por certo contribuirão para contar melhor uma história.

Cumprindo prazos

Antes que as transmissões por satélite e microondas se tornassem banais, os noticiários contavam com formas mais elementares de comunicação para garantir que seu material chegasse à base em tempo para a edição e a transmissão. O princípio, se não os meios, continua o mesmo. De fato, os prazos de fechamento encolheram, aumentando a pressão sobre a equipe de reportagem — especialmente o repórter — para que planeje sua missão até os mínimos detalhes. Cálculos do tempo necessário para se deslocar até o local do acontecimento e voltar, para ver as imagens e avaliar seu valor, dar forma ao material ou enviá-lo para ser editado na redação, e mais uma certa margem de segurança, têm de estar incluídos no planejamento para que se cumpram as exigências do programa.

O processo todo tem sido acelerado com a introdução de equipamentos móveis de edição de imagem e recursos via satélite para a obtenção da notícia, permitindo assim que a equipe de reportagem dispense a ajuda de emissoras locais de televisão; mas a capacidade de controlar os problemas logísticos envolvidos na reportagem é quase tão valorizada quanto o talento editorial.

A BUSCA DA NOTÍCIA
Não deixe que todas as suas notícias sejam de "segunda mão".

Não é preciso nenhum talento especial para reconhecer uma "grande" notícia quando ela ocorre. Mudanças políticas, convulsões sociais, eventos esportivos, catástrofes naturais — cada fato fala por si próprio. O que distingue o jornalista das outras pessoas é uma capacidade bem desenvolvida de identificar os assuntos que, embora não sejam tão obviamente espetaculares, estimulam o interesse ou são importantes para a vida das pessoas.

Ultrapassando McLurg

É muito comum a opinião de que o jornalismo de televisão oferece uma visão extremamente limitada e provinciana da sociedade. Alguns sociólogos chamam-no de "O Portão", um subproduto inevitável da educação, instrução e atitudes sociais daqueles que exercem a profissão. Outros sustentam que a agenda de notícias foi determinada há muito tempo pelo jornalismo feito nos jornais diários e que a televisão nunca teve vontade e recursos para alterar aquele modelo.

Cabe a você e a todos os repórteres tentar ampliar a agenda, mesmo que isso signifique questionar certos critérios tradicionais, como aquele que diz que a importância de um evento diminui com a distância que o separa da nossa porta (este fenômeno é curiosamente conhecido como Lei de McLurg, em homenagem ao experiente editor que o reconheceu pela primeira vez). Por causa disso, assuntos potencialmente significativos para a humanidade são desprezados e várias áreas do mundo são precariamente focalizadas, até que países sobre os quais pouco se sabe de repente tornam-se o centro das atenções.

Igualmente, assuntos considerados dignos de cobertura noticiosa rapidamente entram e saem da moda sem motivo aparente. O público fica entediado com a mesma história semana após semana, não importa quão importante ela seja. Por outro lado, temas que antes mal mereciam citação, principalmente por parecerem muito difíceis de apresentar, têm sido amplamente expostos. Assim, à medida que se chega ao fim do século, economia e meio ambiente são os assuntos do dia; o protesto rotineiro de domingo e a síndrome da chaminé prestes a despencar (praticamente) deixam de ser.

Diferenças nos valores atribuídos à notícia

Jornalistas de televisão e de jornal diferem bastante em suas atitudes em relação à notícia. Os tablóides costumam estampar na primeira página histórias excêntricas e bizarras desprezadas pelos jornais mais sérios. Na televisão, uma reportagem às vezes começa com imagens de pouca relevância para a imprensa escrita ou sonora. Então, como se pode avaliar o que é notícia?

- Antes de mais nada, sempre pergunte a si mesmo o valor que ela tem para o público.

- Esquadrinhar os jornais em busca de histórias não é um bom substituto para as suas próprias idéias.
- Não fique sentado esperando o que possa vir da agência de notícias.
- Chegue o mais perto que puder do povo para produzir material original.

ENTENDENDO A TELEVISÃO

Acompanhe a evolução tecnológica.

Não se espera que nenhum jornalista iniciante seja um especialista em eletrônica, mas é útil ter uma noção básica dos princípios técnicos que envolvem o equipamento de trabalho. Aceitamos naturalmente uma imagem de televisão; mas quantos candidatos à profissão de repórter seriam capazes de explicar como uma imagem é recebida?

Uma imagem de televisão é composta de linhas horizontais que aparecem no receptor em rápidas sucessões, da esquerda para a direita e de cima para baixo. As linhas são transmitidas em dois "campos" seqüenciais. Na imagem européia de 625 linhas, por exemplo, as primeiras 312,5 linhas ímpares são seguidas de um segundo campo composto de 312,5 linhas pares. Os dois campos são entrelaçados para reduzir as oscilações, dobrando assim o número efetivo de "imagens" observadas por segundo.

Quanto maior o número de linhas, melhor a resolução da imagem. Daí a evolução para a HDTV (*High Definition Television*),[1] que em qualquer de seus sistemas daria mais de mil linhas, proporcionando uma clareza excepcional em telas maiores.

Cor

Imagens coloridas baseiam-se na mistura de luz vermelha, verde e azul. Toda imagem captada pela lente é decomposta nessas três cores primárias. Dentro da câmera elas encontram tubos de imagens para a cor correspondente cobertos de pequenos pontos sensíveis à luz. Um disparador de elétrons localizado no fundo de cada tubo varre essa cobertura, ativando um fluxo de elétrons que se transforma num sinal eletrônico. Os três sinais, um para cada tubo, são então combinados para recriar a imagem.

---

1. Televisão de Alta Resolução. (N. do T.)

Pensando nas notícias
Os jornalistas diferem amplamente em suas atitudes. Os jornais dirigem seu conteúdo a grupos socioeconômicos bem definidos e não dão muita importância a assuntos que em outros veículos recebem grande prioridade.

Câmeras com CCD (*Charged-Coupled Device*)[2] não usam tubos, mas possuem "chips" para converter as luzes vermelha, verde e azul em sinais elétricos.

Teletexto

Nenhum sistema moderno de televisão precisa de todas as linhas para transportar os sinais de imagem. Desde meados da década de 70 algumas linhas vazias têm sido utilizadas para transmitir o teletexto, um método que permite que a informação apareça na tela como "páginas" de texto escrito e de gráficos. Atualmente essas páginas são agrupadas na forma de "revistas" com notícias, esporte, informações sobre o tempo, finanças, viagens, lazer, e assim por diante. O acesso a cada página é feito por teclas de um controle remoto aproximadamente do tamanho de uma calculadora eletrônica.

Satélite e cabo

Sob condições atmosféricas normais, os sinais de imagem são transmitidos, a curtas distâncias, por microondas que se propagam em linha reta. Para transmissões a longa distância é preciso enviar os sinais ao espaço, onde são recebidos por satélites orbitais de comunicação e depois devolvidos para estações terrestres. O sistema chega ao grau de sofisticação de poder emitir o sinal a cada domicílio equipado com pequenas antenas parabólicas. Esta técnica é conhecida como DBS (*Direct Broadcasting by Satellite*).[3]

A televisão a cabo existe desde a década de 40 (no Reino Unido), levando seus sinais a regiões distantes dos transmissores ou localizadas em áreas geográficas problemáticas. Os assinantes modernos beneficiam-se de uma ampla escolha de novos serviços e dos já existentes.

---

2. Dispositivo de Carga Acoplada. (N. do T.)
3. Transmissão Direta via Satélite. (N. do T.)

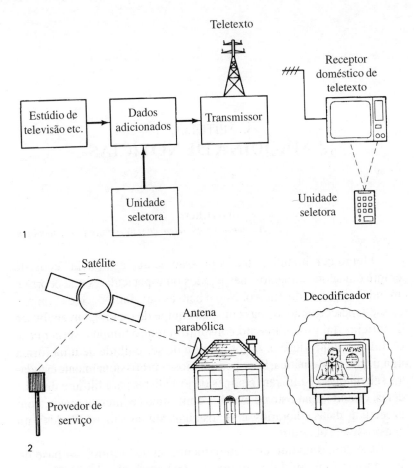

Evolução da transmissão

Desde a década de 1970, o Teletexto (1) oferece um novo conceito em transmissão de informação. A informação, levada como parte do sinal de televisão, aparece na tela como "páginas de informação". O teletexto também é utilizado para legendagem e transmissão de dados, e os sistemas mais recentes podem enviar texto em várias línguas e fotografias de alta qualidade. A DBS (2), revolucionando a televisão com pequenas antenas parabólicas, oferece uma ampla variedade de notícias e entretenimento para o público e emprego para os repórteres.

Capítulo 2
A MÁQUINA DE NOTÍCIAS

FUTURO
A coleta da notícia tem de ser organizada e sistemática.

O leigo geralmente tem a impressão de que a "notícia" consiste sempre em acontecimentos inesperados ou espetaculares que ocorrem em todas as partes do mundo. Não é bem assim. Tampouco os repórteres saem percorrendo as ruas com sua equipe de reportagem em busca de notícias: tal procedimento consumiria muito tempo e seria quase totalmente improdutivo. A notícia tem de ser colhida de uma forma organizada e sistemática. Serviços noticiosos profissionalmente estudados sabem disso e utilizam equipes de jornalistas para filtrar e discutir idéias, criando uma lista de eventos domésticos e internacionais, com respectivas datas e horários, entre os quais alguns são escolhidos para uma possível cobertura.

Esse departamento de planejamento ou de "futuro" —´base do departamento de *intake* ou *input* — é responsável pelo registro das sessões do Congresso, datas comemorativas, sessões de tribunais, publicação de documentos oficiais e um amplo espectro de outros eventos considerados merecedores de cobertura por parte da televisão.

Os planejadores examinam vários jornais e revistas (quanto menos conhecidos melhor), assistem a outros programas de televisão, ouvem rádio, ficam atentos aos boatos e rumores e cultivam a amizade de qualquer pessoa que possa fornecer dicas para uma notícia, num esforço de construir a agenda mais ampla possível e daí fazer sua escolha.

O fluxo é nos dois sentidos. Os jornalistas recebem convites para comparecer a eventos, e alguns recursos lhes são oferecidos. Em outras ocasiões, os repórteres e suas equipes de reportagem talvez tenham de obter permissão para participar de cerimônias públicas ou de natureza

Caminhos que levam à notícia

Idéias de histórias seguem uma rota estabelecida. Mesmo programas e empresas de recursos limitados tentam destinar pessoas para fazer o planejamento essencial. Qualquer relação entre estações de televisão ou de rádio afiliadas, locais ou regionais multiplica as fontes e aumenta a eficiência para colher a notícia. Quando rádio e televisão operam lado a lado ou num ambiente de "dupla mídia", os repórteres às vezes podem ser requisitados para trabalhar em ambas as áreas.

privada. É preciso então conseguir passes de entrada, autorizações do sistema de segurança ou seja lá qual for a documentação exigida para o acesso. Alguns acontecimentos realmente importantes são organizados com alguns anos de antecedência e as empresas de comunicações gastam tempo e esforço consideráveis para garantir sua presença e ter acesso às comunicações e recursos necessários.

Notícias internacionais

A cobertura de notícias internacionais requer atenção especial, particularmente quando os repórteres saem de seu país de origem para cobrir um acontecimento no exterior. Eles poderão precisar de visto para entrar num outro país — o que deve ser providenciado com algumas semanas de antecedência —, permissão para levar o equipamento de reportagem, declarações alfandegárias e credenciamento oficial. Tudo isso às vezes leva um bom tempo para ser arranjado.

Infelizmente, poucos países permitem liberdade total de trabalho a seus próprios jornalistas, o que não dizer de estrangeiros. Os planejadores sabem muito bem o que é passar meses cortejando, sem sucesso, funcionários com poder para fornecer um visto. Não é geralmente o que acontece num país que é de interesse para o mundo exterior — simplesmente, por alguma razão, as sociedades fechadas preparam-se para rapidamente abrir suas portas.

PLANEJAMENTO E ATRIBUIÇÃO DE TAREFAS

A atribuição de tarefas pode ser banal, mas é necessária.

A segunda parte do trabalho dos planejadores é arranjar a lista de histórias possíveis de uma forma adequada para a discussão em nível editorial mais elevado. Essas reuniões geralmente ocorrem em intervalos de semanas ou meses, para dar aos editores de programas tempo suficiente para avaliar todas as sugestões. Algumas matérias são rapidamente descartadas enquanto outras retornam para uma investigação mais detalhada antes de qualquer decisão. Para aquelas que são aprovadas, discutem-se brevemente os problemas logísticos — talvez a necessidade de providências especiais de viagem, conexões via satélite, cooperação com outros departamentos ou organizações — antes de prosseguir com um planejamento mais detalhado.

Como repórter, você poderá não participar desta etapa inicial. Depende do modo como a empresa trabalha, se o planejamento e o processamento das notícias são feitos separadamente ou em conjunto, e com que idéias você contribuiu para o sistema.

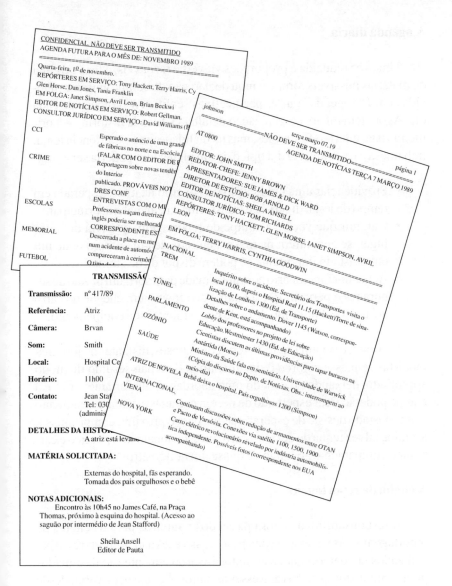

Planejamento da história

Nem todas as notícias são sobre eventos inesperados. Um planejamento detalhado dos eventos conhecidos é feito com bastante antecedência. Informações "futuras" (1) são encontradas em Agendas Diárias (2). A Agenda Diária (3) fornece uma pauta resumida para o repórter e a equipe de reportagem.

35

A agenda diária

Uma vez reduzida a proporções viáveis e razoáveis, a lista original de matérias possíveis torna-se uma declaração de compromisso conhecida como "a agenda" ou "as perspectivas" emitida no começo de cada dia. Agora tem início a organização detalhada de cada história — à primeira vista, uma tarefa simples, mas na realidade uma experiência lenta, trabalhosa e frustrante. O dia típico de um planejador poderia ser assim:

- Providenciar uma publicação do governo há muito esperada em tempo de lê-la, digeri-la e transformá-la em matéria principal.
- Garantir que você e a equipe de reportagem, que virá de outro lugar, se encontrem na mesma entrada de um edifício onde um entrevistado importante só poderá dispor de dez minutos.
- Achar um funcionário com autoridade para abrir um portão de segurança e permitir que a equipe de reportagem chegue de carro até um local próximo de onde possa montar seu equipamento.

Isso parece ser uma série de serviços tediosos, distantes do jornalismo. Mas sem esse esforço o documento poderá não ser lido de modo apropriado, deixando-se de lado uma abordagem importante; você e a equipe poderão ficar esperando de pé, em entradas diferentes, enquanto o entrevistado desiste de esperar e segue para o próximo compromisso; a equipe talvez tenha de deixar o carro no estacionamento público e carregar o equipamento ao longo de quase um quilômetro.

A chefia de reportagem

A responsabilidade agora passa dos pauteiros para os chefes de reportagem — às vezes a mesma pessoa, às vezes não. Repórteres especializados em determinados assuntos invariavelmente são designados para cobrir histórias relativas a esses assuntos. A pauta pode variar desde indicações superficiais — não mais do que o título, localização e nome de um "contato" — até uma discussão detalhada de tratamento, conteúdo e perguntas a serem feitas aos entrevistados.

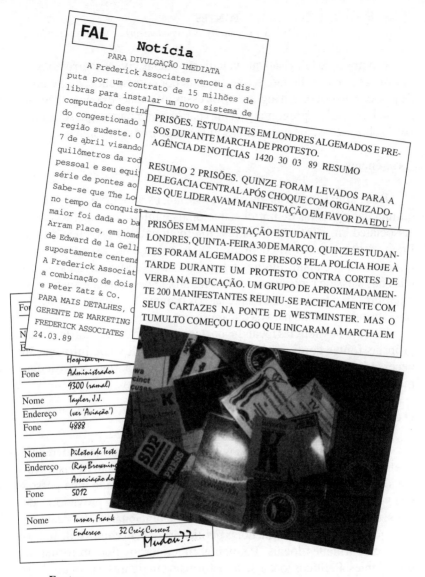

Fontes

As agências de notícias geralmente fornecem a primeira indicação de uma história (1), embora muitas notícias sejam preparadas de antemão. Notas publicitárias distribuídas à imprensa às vezes contêm informações dignas de serem acompanhadas. Os bons repórteres têm seus próprios contatos, protegendo-os com zelo (3). O planejamento para as ocasiões de importância nacional e internacional, e a devida participação, exige tempo, esforço e as credenciais certas (4).

FONTES
Seus contatos locais podem tornar-se figuras públicas.

Empresas de televisão que veiculam notícias vivem abarrotadas de informações não solicitadas, que chegam por correspondência, vindas de pessoas do povo. Em alguns casos essas informações constituem-se a espinha dorsal da programação, mas para a maior parte é quase impossível sobreviver sem buscar uma sólida retaguarda profissional.

As agências

Boa parte do material em que se baseiam os noticiários chega fresquinha das agências de notícias nacionais e internacionais. Reuters, Associated Press (AP), Unites Press International (UPI), Agence France Press (AFP) e outras fornecem um valioso serviço por assinatura com reportagens que aparecem nos *teleprinters* e — cada vez mais — em telas nas salas de redação do mundo inteiro. O pessoal da agência e os repórteres *free lances* geralmente são os primeiros a divulgar as histórias, abrindo caminho para os que quiserem ir atrás.

No caso das notícias locais, cada departamento de redação tem suas próprias fontes confiáveis que lhe fornecem o fluxo de informação necessário para construir a agenda diária. Todo repórter — particularmente o especializado — tem um caderno de contatos.

O contato

São as pessoas que fazem a notícia — portanto, nome, endereço e telefone de alguém que seja ou possa vir a ser útil do ponto de vista profissional nunca devem ser descartados. Talvez tenha sido uma pessoa que você entrevistou, um entrevistado em potencial ou provedores de fatos, registros ou opiniões. Anote o nome de funcionários de organizações que enviam convites ou notas publicitárias, bem como os de políticos e celebridades locais. Pequenos funcionários podem tornar-se importantes. Políticos locais se transformam em figuras nacionais. Não se esqueça do conhecimento que você certamente trava por meio de seu círculo de amizades, ou da empresa em que trabalha. Guarde papéis timbrados ou cartões de visitas com nomes e endereços úteis.

As seções de cartas também são fontes valiosas. Um grande número de correspondência vem de representantes de organizações de todo tipo, e é surpreendente a quantidade de pessoas conhecidas que hesita em fornecer o número de seu telefone, mas inclui abertamente o endereço quando escreve para os jornais. Arquive todos aqueles que possam ser úteis. Começar do zero leva tempo, portanto no começo talvez valha a pena trocar nomes com os outros jornalistas. Faça esse tipo de permuta com um colega que esteja na mesma condição que você. Se cada um se concentrar num assunto por vez, ambos progredirão em dobro na metade do tempo.

Guarde sua agenda

Por fim, quando tiver construído a sua agenda, guarde-a em lugar seguro. Repórteres experientes fazem isso com muito cuidado. Talvez até valha a pena deixá-la num banco ao sair de férias.

COMO LIDAR COM OS CONTATOS
Previna-se contra a manipulação da notícia.

Boatos e rumores não substituem o fato, logo não se pode acreditar em tudo o que se ouve. O ceticismo é saudável, contanto que não o torne obcecado e não o impeça de aceitar as evidências dos próprios olhos e ouvidos.

Verificar duas vezes

Os contatos que vêm procurá-lo tanto podem estar sinceramente dispostos a ajudar como podem apenas estar defendendo seus interesses pessoais. Isso acontece. Se estiver em dúvida, cruze informações com outras fontes. Mantenha o compromisso com seus informantes e respeite o sigilo, se este for o desejo deles. Alguns repórteres preferiram ir para a cadeia a revelar suas fontes de informação. Mas tenha cuidado. Não prometa o que não pode cumprir. Em certas circunstâncias, o simples ato de receber a informação pode ser considerado uma contravenção.

Briefings e lobbies

Repórteres especializados em determinados assuntos costumam operar em grupos que gozam de alguns privilégios negados aos generalistas. Cópias de relatórios, discursos e outros documentos oficiais tornam-se disponíveis de antemão para ajudar no trabalho de reportagem. Passes e cartões de identidades são emitidos para repórteres que dispõem de credenciamento oficial.

Ont the record (para registro) significa que o que lhe foi dito pode ser transmitido ou publicado.

• Não há problema, sujeito apenas às restrições legais.

Confidencial (ou *em off*) significa que o que lhe foi dito não é para ser transmitido ou publicado.

• Pode dar problemas. Procure definir de antemão quanto dessa informação você *pode* usar. Não concorde com tal condição retroativamente sem antes pensar bem.

Sem citação da fonte significa que você pode transmitir ou publicar o que lhe foi dito contanto que não revele a fonte da informação.

• É de fato um problema. Às vezes trata-se de uma tentativa de manipular a notícia. Tenha cuidado.

Briefings de Lobby geralmente são para grupos de jornalistas especializados convidados pelo governo ou por outros órgãos oficiais. A informação poderá ser passada apenas se você não citar a fonte.

• Tome cuidado. Se for participar de um *lobby* esteja preparado para se conformar às regras do jogo.

Credenciamento permite a um número limitado de jornalistas o acesso a lugares ou eventos onde há informação oficial disponível.

• Idem. Receber uma credencial às vezes é o único jeito de conseguir uma notícia.

Embargos permitem que um número limitado de jornalistas tenha antecipadamente cópias de documentos, relatórios, discursos ou outras informações, contanto que não sejam transmitidos ou publicados antes de um determinado momento.

• Úteis, mas às vezes controversos. Considere cada embargo em si mesmo e esteja alerta para a possibilidade de manipulação da notícia. Sempre compare as cópias antecipadas de discursos com o pronunciamento: nada garante que o locutor não vá se desviar de um texto previamente preparado.

Supressão da notícia é quando as autoridades procuram impedir a transmissão ou publicação da notícia por acreditar que esta poderá ameaçar a vida de pessoas.

• Aceitável somente sob certas condições e geralmente decidida em instâncias superiores. Nunca se comprometa. Sempre reporte esses pedidos a colegas de posição hierárquica superior.

Solicitação de anonimato é feita por pessoas que acreditam que a transmissão ou publicação de seu nome lhes seria prejudicial.

• Tenha cuidado. Há circunstâncias em que se deve admitir o anonimato, não prometa nada e encaminhe a questão a seus superiores.

Por exemplo, membros do Corpo de Imprensa da Casa Branca têm mais facilidade de registrar as atividades presidenciais. Assistentes fornecem *briefings* regulares — isto é, opiniões do governo ou do presidente sobre a situação internacional ou outros temas do dia. Aonde vai o presidente, vai o Corpo de Imprensa. O sistema de *lobby* na Grã-Bretanha permite que os jornalistas se encontrem regularmente com políticos e funcionários importantes, sem que aqueles identifiquem estes últimos (ver quadro da p. 40). Dessa forma, eles têm a oportunidade de descobrir o que pensa o governo, naquele momento.

Usos e abusos

Embora sejam úteis, tais sistemas são vulneráveis a abusos. Os *lobbies* permitem que funcionários ou ministros do governo usem a imprensa para espalhar idéias e teorias que podem não espelhar a política oficial; controvérsias sobre o que foi ou não dito em tais encontros (que, presume-se, não deveriam ocorrer) têm levado a prática toda ao descrédito.

Aqueles, porém, cuja entrada é barrada ou que se recusam a tomar parte desse jogo às vezes ficam em desvantagem. É impossível cobrir adequadamente algumas histórias sem a ajuda "oficial". Perca o avião para o próximo destino do presidente e perderá a notícia. Você não conseguirá comprar uma passagem para uma remota zona de guerra, portanto terá de obter ajuda dos militares para chegar lá e conseguir acesso às comunicações.

O problema é que estará sujeito às condições impostas pelos seus anfitriões — e em alguns casos o preço será muito alto.

CAPÍTULO 3
O COMEÇO

SETE DIAS DE AUTOTREINAMENTO (1)
Tire um tempo para ver como os outros trabalham.

Esta sugestão deve servir como base para entender o papel do repórter numa empresa de comunicação. Como cada estação de televisão tem sua própria estrutura, o que se pode oferecer é tão-somente um guia geral; portanto, adapte o roteiro ao seu caso específico.

Tente executar todas as etapas no período de uma semana, mas se não for possível, continue nos seus dias de folga. Este roteiro presume que os profissionais estejam dispostos a deixar que você os observe durante o trabalho. Se você for convidado para dar alguma contribuição prática, ótimo. Lembre-se, no entanto, de que o mais importante é aprender com eles.

1º dia: planejamento e atribuições de tarefas

Fique ao lado daqueles que selecionam as idéias para cobertura. Ajude a atender ao telefone ou a abrir a correspondência e poderá constatar a variedade do material que aparece para ser avaliado. Julgue você mesmo o que vale a pena e compare com as decisões tomadas pelos profissionais que fazem esse trabalho. Compareça às reuniões de planejamento em que se discutem os detalhes das atribuições de tarefas nacionais e internacionais. Veja como as histórias são classificadas em importância e o grau de detalhamento dos *briefings* que os repórteres recebem antes de iniciarem um projeto. Ouça a comunicação entre os repórteres em campo e entre eles e os editores na sede. Avalie a precisão, qualidade, freqüência e quantidade de informação oferecida. Se necessário, procure melhorar quando for sua vez.

1º Dia:
Planejamento e atribuições de tarefas
(Cortesia BBC Central Stills)

2º Dia:
Na rua (Cortesia Sky News)

3º Dia:
Edição de imagem

Autotreinamento (1)
Utilize seu tempo livre para observar o que acontece em cada etapa. Isso lhe dará uma boa idéia do que é o processo editorial e o ajudará a desenvolver sua própria postura nas relações de trabalho.

2º dia: na rua

Acompanhe um repórter e sua equipe de câmera, de preferência numa reportagem que requeira discernimento e planejamento, em vez de uma simples notícia sem muitas sutilezas. Fique observando até o fim, não importa que seja maçante. Tome nota da ordem em que o repórter trata os vários elementos da reportagem, e como ele ou ela se sai com os entrevistados, contatos e outras pessoas envolvidas. Atente, particularmente, para o relacionamento pessoal e profissional entre repórter e sua equipe de reportagem. Isso servirá como um valioso padrão de comparação para avaliar sua própria postura no futuro.

3º dia: edição de imagem

Siga a "sua" história na ilha de edição e observe o editor de imagem montando-a. Se possível, acompanhe mais de um editor; forme uma idéia de suas rotinas e contraponha seus estilos. Alguns deles trabalham mais rápido do que os outros? Que imagens eles tendem a descartar? Eles são influenciados pela força da imagem ou do som? Seguem passivamente instruções ou usam a imaginação? Em que momento ocorre a supervisão editorial, se é que ela existe?

SETE DIAS DE AUTOTREINAMENTO (2)
Peça orientação aos seus colegas.

A segunda parte do programa de sete dias de autotreinamento concentra-se nas áreas técnicas e de produção.

4º dia: ilustrações

Acompanhe as atividades de um artista gráfico durante um dia todo. É o trabalho de apenas um programa, ou há vários "clientes", cada um exigindo um estilo diferente? Certifique-se de que você está entendendo o sistema. As instruções são dadas verbalmente ou há um procedimento mais formal? As idéias para as ilustrações são criadas pelos repórteres e jornalistas ou é o artista quem as cria? Veja quanto tempo se leva para criar cada ilustração e observe os períodos do dia em que a quantidade de trabalho é maior. Pergunte quem é que compara os desenhos gráficos — figuras e ortografia, particularmente — com as idéias originais e os

4º Dia: Ilustrações
(Cortesia Quantel)

5º Dia: Sala de redação
(Cortesia Sky News)

6º Dia: Estúdio e produção
(Cortesia BBC
Central Stills)

7º Dia: Prática
(Cortesia EDS
Portaprompt)

Autotreinamento (2)
A segunda parte do programa de treinamento concentra-se na produção e nos aspectos técnicos. Por fim, você entenderá como a empresa em que você trabalha funciona e o seu papel nela.

scripts já prontos. Durante a transmissão, não se esqueça de avaliar se a ilustração realmente combina com o comentário que ela acompanha. Se eles pouco ou nada têm a ver um com o outro, descubra o porquê.

5º dia: sala de redação

Observe o trabalho de um redator ou de um produtor de matérias e monitore cada passo do processo. Forme uma idéia das fontes utilizadas, especialmente aquelas consideradas confiáveis e as que não são. Note quanto do *script* são palavras do próprio redator e quanto é tirado diretamente da matéria que vem da agência. Preste atenção às relações de trabalho entre o redator e o editor do programa, o repórter e o editor de imagem que atuam na mesma história, e também esteja atento à influência de outras pessoas. Esteja presente na hora do fechamento. Procure entender por que as matérias são reduzidas ou descartadas. Fique para a reunião de avaliação depois do programa, se ela existir.

6º dia: estúdio e produção

Acompanhe o diretor de estúdio nos preparativos para pôr o programa no ar. Compareça às reuniões de pauta ou às reuniões técnicas e preste atenção no que se diz sobre desempenho jornalístico. Assista ao ensaio, por mais esquemático que possa ser. Avalie o desempenho do diretor sob as condições de um noticiário ao vivo. Passe algum tempo no estúdio, onde você poderá julgar se são claros os sinais dados pelo assistente de estúdio e se a operação do tele-*prompter* é eficiente.

7º dia: prática

No sétimo dia, seus colegas já terão concluído se você é um perfeccionista ou se só atrapalha. Seja como for, convença-os a lhe permitir alguma prática de leitura durante uma pausa no estúdio. Um *script* de uma transmissão anterior servirá. Use o tele-*prompter* eletrônico, se houver um. Depois, peça para alguém dizer, com sinceridade, como você se saiu.

APROVEITANDO O MÁXIMO DO SEU TALENTO
Desenvolva o interesse por um assunto específico.

Os repórteres de televisão precisam ser inteligentes, ávidos, curiosos e persistentes. Estas são as qualidades mínimas que você já deveria possuir antes mesmo de começar a desenvolver a capacidade de se apresentar diante da tela. Nada pode ser realizado sem elas; portanto, torne-as evidentes — para o editor do programa, para aqueles com os quais você trabalha no dia-a-dia e, acima de tudo, para o seu público. Antes de começar qualquer história, procure entendê-la. Faça uso das matérias arquivadas e de qualquer outro material que seja útil. Pense. Informe-se: não há nada pior do que um repórter que, por ignorância, passa por idiota diante do entrevistado. Pode parecer óbvio, mas leia os jornais e as revistas. Assista à televisão, especialmente ao seu próprio desempenho e ao da concorrência. Ouça o jornalismo radiofônico; se possível, aprenda algumas técnicas básicas: poderão lhe ser úteis. Torne-se competente em taquigrafia, datilografia ou em editores de texto — ferramentas do ofício. Aprenda a guiar. Tenha interesse por tudo, de esporte a política. Aprenda outra língua. Quem sabe se isso não o levará a um fascinante trabalho no exterior?

Estilo e "presença"

As qualidades que indicam uma boa "presença" na tela são quase impossíveis de serem definidas. É mais fácil identificar o negativo. A câmera é uma cruel reveladora de peculiaridades e maneirismos físicos, e o microfone amplifica os defeitos da fala. Mesmo assim, cada editor tem uma idéia diferente da personalidade adequada para o seu programa. Gostemos ou não, voz e aparência também contam, não há como escapar da natureza humana. Mas um rosto bonito não é tudo. Os padrões mudam, às vezes impulsionados pela tecnologia que cria a demanda por outras aptidões.

Houve uma época em que o noticiário de televisão parecia ser habitado apenas por homens maduros e sérios de cabelo grisalho. Depois foi a vez das mulheres. A maior de todas as alterações foi a substituição do "leitor" de notícias pelo "apresentador", um jornalista experiente capaz de lidar com um número cada vez maior de material ao vivo num programa dinâmico.

A necessidade do treinamento

Tente, no começo, fazer uma avaliação realista dos talentos que já possui. Não é nada agradável ouvir que temos, por exemplo, uma deficiência de locução que nunca poderá ser superada, mas é melhor do que alimentar expectativas insensatas. As principais técnicas de reportagem, incluindo redação e entrevista, podem ser adquiridas com um treinamento apropriado. A técnica *pode* ser absorvida simplesmente observando o que os outros fazem, mas os outros talvez tenham aprendido da mesma maneira e desenvolvido seus próprios defeitos.

VESTINDO-SE APROPRIADAMENTE (1)
Use a roupa certa para cada ocasião.

A atenção que o público telespectador e a indústria do jornalismo impresso prodigamente dedicam àqueles que aparecem regularmente na tela da televisão evoluiu para algo que se aproxima de um passatempo internacional. Tal é o nível de interesse, boatos e comentários, que é possível acreditar que a discussão sobre as notícias que aparecem à noite na televisão gira tanto em torno do que a apresentadora estava vestindo — e as especulações sobre o preço de sua roupa — quanto a respeito do próprio conteúdo do programa.

Prendendo a atenção do público

A roupa não deveria ser importante, mas é. Se o telespectador focalizar a atenção numa blusa de babados, num decote mais ousado ou num desenho diferente que aparece na gravata, será distraído daquilo que está sendo dito. Repórter e programa perdem assim o seu público. Logo, é essencial que a roupa utilizada pelo repórter/apresentador seja ao mesmo tempo discreta e apropriada para a ocasião. Roupas extravagantes são aceitáveis num programa dirigido a adolescentes ou a um público que entende de moda, mas não à noite, no noticiário principal. Enquanto um traje estilo safári pode cair bem numa reportagem de guerra na selva, não serviria para uma entrevista formal de estúdio com um líder político. Da mesma maneira, o terno e gravata não combinam com a selva. Em ambos os casos, bom senso e boas maneiras não ofenderão o entrevistado e nem o público, que na maioria dos países facilmente se ofende com os desvios daquilo que ele entende como padrões aceitáveis de comportamento.

Regras de vestuário

Os programas às vezes impõem seu estilo de vestuário a seus apresentadores. Isso faz parte de um "visual" coordenado projetado para provocar

Seção 1: O essencial
(a) Capacidade de redação
(b) Inteligência
(c) Curiosidade
(d) Avidez
(e) Persistência

Seção 2: O esperado
(a) Interesse geral por eventos atuais
(b) Conhecimento especializado de um assunto
(c) Segunda língua

Seção 3: Ferramentas do ofício
(a) Taquigrafia
(b) Datilografia/Conhecimento de editores de texto
(c) Dirigir automóvel

Seção 4: Qualidades de apresentação
(a) Clareza na locução
(b) Inflexão da locução
(c) "Presença" na tela

Verifique suas próprias habilidades
Indique suas habilidades nos retângulos à direita de cada frase. Você deve ter respostas positivas no mínimo em toda a Seção 1.

um efeito geral sobre o público; por exemplo, pode-se exigir que repórteres e apresentadores em *shows* matutinos usem malhas ou outro traje esporte qualquer para combinar com as poltronas e mesinhas em torno deles no cenário; o noticiário noturno pode procurar criar uma atmosfera totalmente diferente, vestindo suas estrelas com roupas mais formais num cenário mais austero; outros são conhecidos por exigir de seus apresentadores o uso do "uniforme" da companhia, e assim por diante. Por outro lado, o bom senso diz que um repórter ao chegar em primeiro lugar à cena de um importante acontecimento não deverá arriscar perdê-lo simplesmente para mudar de roupa e entrar no estilo do programa.

Se o repórter não tem normas rígidas para o vestuário — e isso provavelmente se aplica à maioria —, a única regra infalível é simplesmente vestir-se de forma que não chame a atenção. Guarde as peças vistosas para os dias de folga.

VESTINDO-SE APROPRIADAMENTE (2)

Sua aparência não deve distrair o telespectador.

Há outros problemas relacionados com o uso da roupa certa para cada ocasião, pois um estúdio de televisão impõe uma disciplina própria. O mecanismo sensível que existe dentro das câmeras eletrônicas em cores pode ser perturbado por listras finas ou padrões em xadrez, ativando uma vibração visual conhecida como "batimento". A câmera apontada para algumas cores — principalmente alguns tons de azul — cria um "buraco" eletrônico através do qual aparece o fundo do estúdio. Uma verificação com o pessoal da técnica ou da produção ajudará a evitar embaraços desse tipo.

Acessórios

O mesmo cuidado deve ser tomado com os acessórios: jóias que brilham podem refletir a iluminação do estúdio e projetar clarões irritantes. Longos cordões pendentes, pulseiras e coisas do gênero tendem a ter vida própria no estúdio ou na locação e acabam, com certeza, atraindo a atenção — especialmente quando balançam ao vento, enroscam-se no fio do microfone ou desprendem-se e caem.

Penteados

A mesma atitude deve ser tomada em relação ao penteado. Se for pouco convencional, certamente ficará entre as palavras do repórter e o público, que rapidamente identifica mudanças no estilo e na cor. Tanto para homens quanto para mulheres, o melhor é uma combinação perfeitamente viável de elegância e simplicidade.

Barba

Alguns noticiários chegam ao extremo de simplesmente proibir seus apresentadores de usar barba ou bigode; mas mesmo aqueles que

1

2

3

4

Vestuário

As roupas devem combinar com o espírito do programa e com a ocasião.

1. O repórter cobrindo uma matéria na selva está adequadamente trajado com uma camisa safári.
2. Um traje mais formal, porém, é mais apropriado para o estúdio...
3. ...especialmente quando o entrevistado está "corretamente" vestido.
4. A escolha errada pode causar embaraços.

não o fazem têm uma regra sensata: coerência. Um homem barbado que de repente aparece sem a barba passa para os telespectadores uma crise de identidade suficiente para arruinar a primeira história que apresentar.

Cosméticos

No começo da televisão, quem aparecesse num estúdio diante das câmeras usava uma maquiagem que fazia lembrar os palhaços de circo — rosto branco e batom verde ou azul. A sensibilidade dos modernos equipamentos exige pouco embelezamento para aqueles envolvidos nos programas de eventos diários. Cosméticos utilizados no dia-a-dia são perfeitamente aceitáveis para as mulheres. O rosto masculino talvez precise apenas de um pouco de pó para tirar o brilho da testa e do nariz provocado pelas luzes do estúdio, e uma base leve para o rosto se não for possível fazer a barba antes do programa.

É claro que a tonalidade da pele varia, portanto é preciso saber qual a maquiagem mais adequada para cada pessoa e mantê-la à mão para ser usada rapidamente, quando necessário.

PRODUÇÃO DA VOZ
A coerência na pronúncia dá credibilidade!

A voz vai junto com o "visual" — e provavelmente também com a controvérsia. Na Grã-Bretanha, nos últimos trinta anos, houve uma mudança na idéia de fala padrão. Antes disso, era raro ouvir um locutor que não falasse com a inflexão e o sotaque associados ao sudeste da Inglaterra. Desde então, a chegada do rádio e da televisão locais produziu uma ampla variedade de sotaques regionais, permitindo que o público se identificasse mais confortavelmente com locutores de sua própria região.

O desejo de comunicação

Embora quase todas as vozes possam ser aperfeiçoadas com treinamento, algumas não serão adequadas para a locução. A coisa mais importante para o principiante é *querer* comunicar-se. Isso significa escrever para a locução de um jeito que soe natural para o ouvinte. As sentenças devem recorrer a expressões adequadas, que facilitem a compreensão do público. A segunda prioridade é garantir que as palavras,

Alguns problemas inesperados
1. Xadrez e listras causam batimentos.
2. Jóias refletem a iluminação do estúdio e projetam clarões.
3. Seja coerente no penteado e na cor do cabelo.
4. Os telespectadores notam mudanças sutis na aparência de seus apresentadores favoritos.

uma vez escritas, sejam pronunciadas com uma certa inflexão. Algumas vozes logo se tornam monótonas, e quanto mais nervoso o locutor, mais alto o tom. Portanto, embora seja mais fácil dizer do que fazer, o repórter deve relaxar a voz para expressar toda a sua amplitude. O ouvinte confia na clareza da locução tanto quanto no poder das imagens, e o repórter que fala mal está fazendo apenas metade do trabalho. A entrevista para escolha de repórteres geralmente inclui um rigoroso teste de voz. Aqueles que têm deficiências ou dificuldades na fala, ou ainda sotaques incompreensíveis, são rejeitados, mesmo que possuam um excelente currículo jornalístico. Algumas deficiências da fala podem ser curadas com a prática ou com a ajuda de terapeutas; de outras, deve-se poupar o telespectador.

Pronúncia

Outro ingrediente essencial no processo da voz e da fala é a pronúncia. Esta é mais uma questão de política editorial do que de gosto pessoal, pois o público precisa ter certeza de que um nome ou um lugar mencionado no noticiário da noite passada é de fato o mesmo repetido por outra pessoa do mesmo programa hoje ou amanhã. As grandes empresas de comunicação possuem métodos sofisticados para manter essa coerência. A BBC fornece diariamente aos seus locutores uma lista de nomes "difíceis", completando com algumas páginas adicionais no caso de reuniões políticas internacionais, Jogos Olímpicos ou eventos igualmente longos. Há também um índice atualizado em cada uma das principais salas de redação — além dos consultores que o elaboraram. Nem todo locutor pode dar-se ao luxo de tal sofisticação, portanto dicionários de pronúncia, uma boa memória e uma lista baseada na própria experiência também podem ser eficientes.

CLAREZA NA LOCUÇÃO
Um raciocínio claro proporciona uma locução clara.

Uma boa voz também depende da postura do corpo e de um controle apropriado da respiração. Se puder, consulte um especialista em treinamento de voz ou um fonoaudiólogo para corrigir defeitos da fala: é um investimento para seu futuro. O sacrifício financeiro valerá a pena e provavelmente é dedutível no imposto de renda.

NARRATIVA EM *OFF* DA VISITA DO MINISTRO

AEROPORTO

<u>Centenas</u> de manifestantes aguardavam a chegada do ministro. A polícia, no entanto, manteve-os na outra extremidade do aeroporto, bem longe da recepção VIP. <u>Seja qual for a opinião dos manifestantes</u>, os dois governos declararam publicamente a intenção de promover as relações entre os dois países. A visita do ministro é vista como <u>um importante passo</u> nesse sentido.

CARRO SAINDO

<u>No final da tarde</u> o ministro deverá fazer uma visita de cortesia ao presidente, e amanhã de manhã, no Ministério do Exterior, as duas partes tratarão de negócios. O ministro ficará quatro dias aqui e se encontrará com líderes dos principais partidos de <u>oposição</u> e com membros do alto escalão do governo.

Produção de Voz

Escreva para a locução usando sentenças curtas e a linguagem simples do dia-a-dia. Isto ajudará a tornar a comunicação mais natural. Ao preparar roteiros, lembre-se de que o texto aparece à direita e as instruções da produção, à esquerda. Marque palavras ou frases para ajudar na entonação.

Se preferir seus próprios recursos, leia alguns livros sobre o assunto e faça uso da tecnologia moderna.

Tente gravar a leitura dos seus *scripts* e depois faça uma crítica honesta do resultado. Não olhe no original; ponha-o de lado e ouça cuidadosamente, certificando-se de que entendeu cada palavra que foi dita. Caso contrário, pratique até que soe corretamente.

Uma segunda etapa seria usar uma câmera de vídeo para revelar outros possíveis defeitos. Algumas pessoas se surpreendem ao descobrir que fecham os olhos ou forçam a vista quando deparam com palavras ou pronúncias desconhecidas.

Seja qual for o método utilizado, não tenha receio de se exercitar com leituras "difíceis", pois o domínio de um amplo material lhe dará confiança. Caso detecte algum problema procure logo que possível a orientação de um especialista.

Normas sobre o cigarro

Aqueles que fazem uso da voz profissionalmente deveriam fumar pouco, ou absolutamente não fumar. Michael McCallion, que dava aulas sobre voz na Academia Real de Arte Dramática e cujo trabalho inclui a orientação para atores, cantores de música popular e políticos de várias partes do mundo, também acredita que bebidas alcoólicas devem ser evitadas (*The Voice Book*, ver p. 209). É melhor não beber nada antes de uma leitura; assim, quando os aperitivos preliminares estiverem sendo oferecidos, fique longe do gim e contente-se com a tônica.

Vencendo o medo do palco

Nos primeiros dias de reportagem na televisão — seja ao ar livre, seja em estúdio — os nervos poderão afetar seu desempenho. Os sintomas incluem constrição no peito, aceleração do batimento cardíaco e secura na garganta e na boca.

Isso pode tornar-se um círculo vicioso: se você se mostrar muito nervoso diante das câmeras, os editores talvez não se arrisquem em utilizá-lo; quanto menos você aparece, mais perde a confiança; quanto menos confiança tiver, mais nervoso ficará, e assim por diante.

A solução é se oferecer para fazer algo que diminua o seu medo do microfone. Fazer narrativas em *off* e ler chamadas de programas pode não ser a mesma coisa que uma reportagem, mas permite o uso da voz em público.

Deficiências de locução

Comunicação monótona
Diminuição
A voz diminui no final da sentença
Ênfase na palavra errada
Ênfase na sílaba errada
Omissão do "s" no plural
Omissão do "r" no infinitivo dos verbos

Palavras geralmente mal pronunciadas

errado		**certo**
beneficiente		beneficente
cataclisma		cataclismo
côndor		condor
dignatário		dignitário
fluído		fluido
a grama	(unidade de peso)	o grama
haja visto		haja vista
íbero		ibero
ineczorável	(inexorável)	inezorável
interim		ínterim
júniors		juniores
latex		látex
meretíssimo		meritíssimo
a moral	(estado de espírito)	o moral
o personagem		a personagem
Prêmio Nóbel		Prêmio Nobel
púdico		pudico
rúbrica		rubrica
rúim		ruim
seríssimo		seriíssimo
tevê a cores		tevê em cores

UM AMIGO ENTRE O PÚBLICO
"Conte" a sua história para um único telespectador.

Procure não pensar no público em termos de milhões ou milhares. É uma perspectiva assustadora demais. Em vez disso, utilize um modelo mais realista. Se o "homem do povo" é um conceito muito abstrato, dirija-se a alguém que você conhece: um amigo ou um membro da família sentado em casa, sozinho. Esqueça a câmera. Tente imaginar que está contando sua história apenas para ele ou ela. Procure aferir a reação dessa pessoa àquilo que você está dizendo e ao modo como está se expressando.

Seja racional

Lembre-se de que "seu" telespectador verá apenas uma vez tudo o que fizer — e nem sempre nas melhores condições e plenamente atento. A pesquisa indica que o público, mesmo nas sociedades mais sofisticadas, não costuma entender muito bem os programas de televisão. As interrupções são freqüentes e as pessoas facilmente se distraem. Se elas interpretam mal e confundem até as histórias mais simples, imagine os temas mais abstratos de um mundo moderno altamente complexo. Ajude-as. Faça as reportagens para o público e não para o seu chefe ou para os críticos. Seja racional. Use uma linguagem clara e direta que todos possam entender, mas não insulte a inteligência dos mais instruídos.

Estabeleça uma conexão

Os melhores repórteres estabelecem uma ligação com seu público de um modo que transcende gênero ou raça. Eles informam a nação sobre assuntos sérios e importantes, sendo assim bem-vindos em todos os lares a cada noite. Parecem confiáveis e honestos; esta a razão por que muitos são procurados para fazer comerciais.

Quem são eles? Walter Cronkite, da CBS, era regularmente eleito o homem mais confiável da América. Os grandes nomes do final da década de 80 surgem com freqüência em discussões dentro e fora do jornalismo da televisão. A extensão e velocidade das comunicações globais via satélite emprestaram uma dimensão internacional ao trabalho de Kate Adie, Martin Bell, Michael Buerk, Jeremy Hands, Peter Jennings, Trevor MacDonald, John Suchet e muitos outros. Observe-os com atenção e veja o que os faz especiais.

Uma ligação com o público
Um dos nomes internacionalmente conhecidos da década de 80, Michael Buerk, da BBC, ganhou prêmios pelas reportagens que fez na Etiópia e na África do Sul. Sua experiência também promoveu a autoridade do apresentador de noticiário. (Cortesia da BBC Central Stills)

Aprenda com os outros

Preste atenção nos seus colegas — especialmente naqueles que você admira — e tente entender o que eles fazem. Sem precisar copiar, aprenda a ver seus pontos fortes mais evidentes e os possíveis pontos fracos. Não tenha receio de mudar de estilo mais de uma vez, até se sentir mais à vontade com o que está fazendo. Se necessário, peça a opinião dos outros. Logo você conseguirá identificar aqueles em cujo julgamento poderá confiar.

Capítulo 4
TÉCNICAS DE REDAÇÃO

COMO ESCREVER PARA A TELEVISÃO
A simplicidade prevalece.

Quando se reconhece o poder das imagens de televisão, é fácil subestimar a importância das palavras que as acompanham. A necessidade de ter uma boa redação, no entanto, nunca foi tão importante. Exige-se que o público entenda as questões políticas, sociais, econômicas e ambientais do mundo moderno, que afetarão profundamente sua vida nos últimos anos deste século e no começo do próximo. Como repórter de televisão, você fracassará se o que disser não for compreensível para as pessoas comuns.

Seja simples

Apesar da evolução de noticiários especializados, a maior parte do jornalismo de televisão dirige-se ao público geral. Ao contrário dos jornais escritos, que podem limitar a leitura a grupos sociopolíticos bem definidos, a televisão visa a todos e deve ser entendida por todos. Portanto, não pode ser nem muito intelectual, nem insultar a inteligência. O objetivo principal é contar as histórias numa linguagem que seja:
• Precisa • Clara • Simples • Direta • Neutra.

Escreva como você fala

Uma coisa estranha acontece com bons jornalistas quando eles escrevem para a televisão. Idéias claras ficam embaralhadas e confusas, sentenças simples tornam-se complicadas. A linguagem direta transforma-se em "oficialês".

A regra é: *pense antes de escrever*. Melhor ainda: *pense em voz alta antes de escrever*. Quanto menos natural soar, maior a probabilidade de estar errado. Quando foi a última vez que você ouviu alguém dizer no curso normal de uma conversa: "Acho que o governo está propondo uma verba de um bilhão de libras para o Serviço Nacional de Saúde"? Mas você pode ter ouvido: "Acho que o governo vai dar mais dinheiro para o Serviço Nacional de Saúde. É um bilhão de libras".

Seja racional

- Sempre que possível, conte as histórias cronologicamente.
- Como regra geral, procure formar uma sentença curta, uma única idéia.
- Entenda o que você está escrevendo: se você não entender, ninguém entenderá.
- Não se deixe envolver pela linguagem dos documentos oficiais. Às vezes são redigidos com o intuito de confundir ou ofuscar; é mais provável, porém, que o autor não tenha muito traquejo com as palavras.
- Pergunte-se sempre: o que estou tentando dizer? Então diga.

Evite falar bobagens

Repórteres que desconhecem o contexto de suas palavras costumam cometer enganos. Duplos sentidos não-intencionais, descuidos ou falta de sensibilidade entram furtivamente nas transmissões. Esteja atento para palavras que mudam de significado.

A BOA LINGUAGEM

Orgulhe-se de uma boa linguagem.

A insistência para que os repórteres usem uma linguagem direta e coloquial não significa que devam descuidar da qualidade. O que se quer é a palavra mais adequada e precisa. Infelizmente, muitas que fogem do elenco utilizado pelo redator médio são escolhidas sem consideração quanto ao significado.

Qualquer um que tenha a coragem de dar conselho aos outros sobre o uso da linguagem estará arrumando confusão. Mas vale o risco lembrar que não faz mal nenhum ao jornalista refrescar a memória de tem-

Linguagem jornalística

A linguagem precisa ser clara, simples, direta e precisa. Evite lugares-comuns, clichês e asneiras. A lista que apresentamos abaixo é apenas uma pequena amostra...

As ambulâncias seguiam em alta velocidade...	...e por acaso elas vão devagar?
...a maior caçada humana desde...	...a última das maiores caçadas humanas.
Dizimar...	...significa um em cada dez.
Todos os homens disponíveis...	os não-disponíveis não.
poderiam	estar lá, poderiam?
Investigação ou busca completa...	Alguma vez já foi menos do que isso?
As chamas/fumaças elevaram-se até 50/200 metros...	Válido somente se não for adivinhação.
Abatido a tiros...	Ugh!
Ajudando a polícia em suas investigações...	Eufemismo para dizer que o vilão foi Apanhado. Nem sempre é o caso.
Dizem que/as pessoas falam que...	Costuma ser a opinião do repórter.
Ele é uma lenda da nossa década.	Lendas não se criam tão rápido.
Montaram-se bloqueios na estrada.	É uma rotina.
A explosão foi ouvida...	Ver chamas/fumaça.
Qual foi o impacto sobre a cidade?	Pergunta feita na ocasião do desastre aéreo do Lockerbie, em 1988.

Aberturas	**Encerramentos**
Aqui atrás/na minha frente	...é o que todos se perguntam.
Estou aqui...	...só o tempo dirá.
Aconteceu...	...nunca mais será o mesmo.
A segurança era rígida...	...agora é tarde demais.
As luzes estão acesas até tarde...	

A linguagem do repórter

pos em tempos. Para aqueles que se orgulham do trabalho que fazem, há excelentes obras de referência, desde as mais eruditas até as mais práticas, que oferecem diretrizes sobre estrutura, definições e gramática.

Gíria

A linha que separa a linguagem coloquial da gíria é tênue e facilmente se pode ultrapassá-la. A distinção torna-se ainda mais difícil porque a palavra ou expressão que ontem era desaprovada hoje passa a ser absorvida pelos padrões do discurso normal, e amanhã será um verbete de dicionário. Aconselho ser cauteloso — deixe que os lexicógrafos ditem o ritmo.

Epônimos

O que faríamos sem (o IV conde de) Sandwich, (Anders) Celsius, (capitão Charles) Boycott, (André) Ampère e outros que emprestaram seus nomes a palavras que nos são tão familiares? Mas há uma diferença entre epônimos e nomes comerciais e de produtos. Nem toda lâmina de barbear é Gilette. Ações legais já foram movidas contra o uso descuidado de marcas comerciais.

Clichês

Há uma lista de frases feitas guardadas pelos jornalistas em seu arsenal de redação. Não que necessariamente gostem de usá-las — os próprios jornalistas faziam piadas sobre si mesmos e as novas histórias compostas inteiramente de clichês. Aqueles que fazem uso ocasional desse recurso devido à pressão das circunstâncias podem ser perdoados; aos outros recomendo um bom léxico.

Acrônimos

Constituem uma espécie de jargão. Alguns passaram a fazer parte da linguagem como verbetes de dicionário, como OTAN e ONU. A palavra *laser* é um acrônimo de *light amplification by stimulated emission of radiation* (amplificação da luz por emissão estimulada de radiação).

Termos genéricos são preferíveis a nomes comerciais. Evita-se assim a publicidade gratuita e o uso inadequado que pode levar a ações legais. Seguem alguns exemplos mais comuns.

Nomes comerciais	Termo genérico
Band-aid	bandagem/emplastro de primeiros socorros
Carterpillar	trator
Celofane	invólucro transparente
Coca-Cola	refrigerante à base de cola
Cotonete	haste com pontas de algodão
Durex	fita adesiva
Fiberglass	fibra de vidro
Fórmica	laminado de plástico
Gilette	lâmina de barbear
Jeep (jipe)	veículo utilitário
Lambreta	motoneta
Polaroid	fotografia instantânea
Xérox	fotocópia

EVITANDO OFENSAS DESNECESSÁRIAS
As palavras, com o tempo, assumem novos significados.

Qualquer consideração consciente da importância da precisão em nossa língua deve levar em conta a necessidade de evitar sexismo, racismo ou quaisquer expressões ofensivas.

Sexismo

Palavras que não fazem jus à verdadeira posição da mulher na sociedade moderna são ofensivas, especialmente quando há alternativas neutras. Além do mais, a linguagem sexista costuma ser imprecisa. Algum progresso nesse sentido foi feito principalmente nos Estados Unidos e na Europa Ocidental, apesar do longo caminho que ainda se tem pela frente e da resistência dos conservadores a algumas expressões alternativas. Como repórter, você deve tomar a decisão consciente de usar palavras neutras[4] sem chegar ao extremo de perder a simpatia do resto do público.

---

4. Este problema é mais agudo na língua inglesa, devido a suas próprias características. (N. do T.)

Racismo

Nas democracias multiculturais da década de 90 o uso descuidado ou inadvertido de linguagem racista é imperdoável. Geralmente, não há necessidade de se referir à cor, religião ou origem racial de uma pessoa, a não ser que essa informação contribua concretamente para a compreensão da história.

É impressionante, também, como alguns jornalistas ignoram as principais crenças religiosas do mundo (incluindo as deles, quando as têm). Erros clássicos são as referências a "igrejas judaicas", a subestimação da importância do islamismo e do budismo e a confusão sobre os títulos de líderes religiosos. A maior parte das instituições religiosas tem relações públicas ou algo equivalente; em nome da precisão, peça para que lhe esclareçam alguma dúvida.

Idade

A obsessão dos jornais em revelar a idade de praticamente quase todos aqueles que aparecem nas notícias felizmente não prevalece no jornalismo da televisão. O critério deve ser o seguinte: a inclusão da idade de alguém ajudará o público a entender melhor a história?

Rótulos políticos

Rótulos podem ser extremamente úteis. "Direitista" ou "de extrema esquerda", por exemplo, são indicações taquigráficas das visões de personagens políticos e uma tentativa de colocá-los num contexto. Às vezes, porém, são mais enganosos do que úteis, pois aqueles a quem se aplicam os rótulos poderão discordar de que se trata de um reflexo preciso de sua posição no espectro político. Alguém que foi identificado com a "ala esquerda do Partido Trabalhista"[5] poderia objetar argumentando que sua visão é de esquerda apenas quando comparada com a dos colegas que adotaram orientações políticas que para ele ou ela estão mais "à direita". Portanto, pense com cuidado antes de usar um rótulo político controverso; ou então, gaste mais algumas palavras para deixar bem clara a sua idéia.

---

5. Partido político inglês. (N. do T.)

O OBJETIVO É SER COMPREENDIDO
Saiba sempre o que você está escrevendo.

Diversos experimentos provam que os níveis de compreensão do público que assiste ao noticiário da televisão são bastante baixos. Muitos telespectadores têm grande dificuldade em recordar o conteúdo de programas que acabaram de ver, são incapazes de se lembrar detalhadamente do assunto das histórias apresentadas, confundem as identidades das personalidades e misturam as localizações geográficas. Em nada ajuda a má vontade dos profissionais em levar em conta as circunstâncias em que seus programas normalmente são vistos. Esquecem-se de que toda sorte de interrupções interfere na concentração até mesmo do público mais sofisticado, que provavelmente ouve apenas em parte o que se passa na televisão.

Mantenha contato

Há o seguinte ditado entre os jornalistas de rádio e televisão: "Diga o que vai dizer; diga-o; depois diga o que disse". Talvez possa parecer simplista, mas continua sendo um lembrete útil do principal objetivo de um repórter — manter contato com o público. Aquilo que você escreve deve ser fácil de ouvir e inteligível na primeira — e provavelmente única — vez em que é apresentado; o restante da história será progressivamente construído em seguida.

Sinalização

Ao contrário do leitor de jornal, que espera encontrar o Quem, o Quê, Onde e Quando de cada história embutidos em cada começo de sentença, ao telespectador é negado o luxo de ver a notícia uma segunda vez. O primeiro dever do redator é, mediante o uso de uma chamada, fazer o público sintonizar-se mentalmente. Esse recurso é especialmente útil como introdução a uma história, ou como meio de indicar uma mudança de ritmo, assunto ou idéia, já que seu objetivo é retardar a informação mais importante o tempo suficiente para que o telespectador possa registrar o contexto.

"Sinalizadores" normalmente não são mais do que uma frase curta, ou uma ou duas palavras, especialmente quando usados no corpo da notícia; não devem ser artificialmente elaborados, mas desenvolvidos conscientemente pelo redator como parte da técnica de construção de uma história.

Fatos e números

Não seja responsável por um bombardeio de detalhes. Números comerciais e orçamentários, flutuações de câmbio e de ações — estatísticaŝ de qualquer espécie — são notoriamente difíceis de lidar de uma maneira simples. Como regra geral, é mais fácil apresentar números redondos. Assim, por exemplo, é melhor descrever o total de desempregados num determinado mês como "quase dois milhões", em vez de "um milhão, oitocentos e cinqüenta mil, seiscentos e doze". Deixe os detalhes para algum gráfico que acompanhe a notícia.

PALAVRAS E IMAGENS
Regra: primeiro as imagens, depois as palavras.

O teste para um bom *script* de televisão é verificar se faz sentido quando o ouvimos com os olhos fechados. Não deveria, porque falta aquela dimensão essencial que é a imagem. Assim, o ponto de partida para qualquer jornalista que espera tornar-se um repórter bem-sucedido é saber que as palavras devem ser adaptadas às imagens, e não o contrário. A única maneira de fazer isso é vendo e avaliando todo o material disponível antes de escrever o comentário. Esta atitude aplica-se a qualquer ocasião.

Não se contente com a saída mais fácil, que é redigir às pressas alguns comentários e depois cortar imagens para que se adaptem a eles. Se fizer isso, bem que poderia estar escrevendo para o rádio, pois o resultado na maioria dos casos será um enfadonho texto que nada acrescenta para o entendimento da notícia e que muito provavelmente omite tomadas que contariam a história com mais eficácia. Você também estará trapaçeando a si próprio, seus colegas da equipe de reportagem e o público.

As regras de ouro da redação na televisão

- *Veja as imagens e ouça o som.* Embora as habilidades técnicas, a orientação e a colaboração do editor de imagem sejam essenciais, o jornalista deve ser o árbitro no que diz respeito às prioridades editoriais. É impossível julgar o trabalho de campo que

Chamadas
Chamadas são palavras ou frases que têm por objetivo preparar mentalmente os telespectadores para aquilo que ouvirão em seguida.

Bons	Não tão bons
Naquele que já é considerado o pior desastre aéreo da história, setecentas pessoas morreram	Setecentas pessoas morreram naquele que já é considerado o pior desastre da história
O campeão mundial dos pesos-pesados, Mike Tyson...	Mike Tyson, o campeão mundial dos pesos-pesados...
As taxas de juros para as hipotecas vão ter um aumento de 12 por cento	Será de 12 por cento o aumento das taxas de juros para as hipotecas

Chamadas
As principais notícias desta noite...
Agora, o noticiário econômico...
A seguir, o Oriente Médio...
Noticiário local...
Informações sobre o tempo para o dia de amanhã...
Agora, veremos novamente os principais destaques do noticiário...

Fatos e números
Sempre que possível, limite-se aos números redondos e deixe que a figura que acompanha a notícia mostre os detalhes.

As cifras reveladas esta manhã indicam que o numero de desempregados baixou para menos de 2 milhões.

A produção de carvão aumentou novamente. No mês passado, os mineiros dos três poços da região foram responsáveis por quase 46 mil toneladas...

Lugares
O mesmo princípio aplica-se aos lugares. É mais fácil referir-se a localizações geográficas gerais e acrescentar os detalhes em mapas.

A fábrica deverá ser construída perto de Luton, ao lado da M1...

você ou outras pessoas fizeram sem estar presente na etapa de pré-edição.

- *Escolha as imagens e sons mais adequados para a história que você quer contar.* Preste atenção a qualquer detalhe que possa compor um bom *script* e tente fazer um esboço do que pretende escrever. Não se intimide nem se apresse em concordar com a inclusão de tomadas ou seqüências irrelevantes, meramente bonitas ou que em nada contribuam. Se foi fixada uma duração para a sua história, respeite-a, ou correrá o risco de ter de reeditá-la. Ao mesmo tempo, procure sempre qualidades que a valorizem.
- *Deixe a edição para o editor de imagem.*
- *Faça uma decupagem da versão final.* Este procedimento só perde em importância para a primeira regra. A decupagem é um meio de garantir que haverá uma combinação precisa entre palavras e imagens. Consiste em anotar detalhes de duração, imagem e som de cada cena da história editada (veja o quadro da página 71).
- *Redija o* script *a partir da decupagem.*
- *Grave o* off. Se houver tempo, ensaie para ter certeza de que as palavras se encaixam. Se for necessário algum ajuste, é mais fácil mudar o *script* do que as imagens.

UTILIZANDO A DECUPAGEM
Três palavras = um segundo.

Tente escrever logo que terminar sua decupagem, antes que a imagem mental de sua história editada comece a desaparecer. Coloque três palavras — um segundo de *script* — em cada linha de um bloco pautado, ou programe seu computador para fazê-lo. É muito fácil perder a seqüência depois de 30 ou 40 segundos de *script* numa página.

Não desperdice tempo "burilando" seu texto. Faça o máximo que puder do *script* em rascunho, e o mais rápido possível. As primeiras idéias costumam ser as melhores; e, em todo caso, talvez você não tenha mesmo muito tempo para refinamentos.

Nem sempre é preciso começar a fazer o *off* a partir da tomada inicial, especialmente se você tende a utilizar o bloco do redator. Escolha qualquer *cena importante* — no nosso exemplo, provavelmente o momento, aos 22 segundos, em que a jovem fã entrega o buquê à atriz

Exemplo de decupagem

Dois atores muito famosos, que são "casados" numa novela de grande audiência, também são marido e mulher na vida real. Eles acabaram de ter seu primeiro filho. Uma multidão de fãs aguarda para vê-los sair com o bebê. O noticiário designou um repórter para fazer uma matéria curta sobre o feliz evento.

Basicamente, editor de imagem e repórter completam as três primeiras etapas das seis que compõem o processo de edição e elaboração do *script*.

O editor de imagem ajusta em zero o contador do seu aparelho. No final da primeira edição, pára-se o aparelho e o redator anota num papel todo o conteúdo da cena, e mais o tempo decorrido até o final da primeira tomada, digamos, três segundos.

Close-up na entrada do hospital	3 s

O aparelho é ligado novamente e as imagens correm até o fim da próxima tomada, que dura quatro segundos. O repórter toma nota dos detalhes e do tempo cumulativo:

Visão geral da multidão feliz em primeiro plano	7 s

Repete-se o procedimento até o fim da história editada, quando a *shot-list* completa fica mais ou menos assim:

Close na entrada do hospital	3 s
Visão geral da multidão contente em primeiro plano	7 s
Sorrindo e acenando, a atriz e o ator aparecem em plano médio com o bebê, enquanto a multidão aplaude	13 s
Meio plano da atriz segurando o bebê	17 s
Em plano geral, enfermeiras acenam da sacada	20 s
Plano médio do carro chegando à entrada do hospital	22 s
Uma garotinha atravessa a multidão para entregar flores à atriz	26 s
Em plano médio, garota volta para o seu lugar na multidão	32 s
Meio plano da atriz acenando	37 s
Plano médio do ator e da atriz entrando no carro	41 s
Plano geral e panorâmica do carro saindo da esquerda para a direita	45 s

— e comece a escrever em torno disso. Uma vez transposto o primeiro obstáculo, o resto do *script* deverá se encaixar.

Os erros mais comuns

O primeiro erro é tentar colocar mais palavras do que permite a duração das imagens. Tendo em vista a fórmula de três palavras por segundo, para que haja sentido os 45 segundos do ator e da atriz podem ser cobertos com um máximo de 135 palavras. Mais do que isso e as imagens se esgotarão. Deixe as "respirar". O melhor *script* é aquele que tem o mínimo de palavras.

O segundo erro é escrever sem prestar a devida atenção ao conteúdo das imagens. Em vez disso, o que se tem são referências detalhadas a pessoas, lugares ou eventos que não aparecem. Certamente, isso irrita o telespectador que espera ver tudo que está sendo descrito. O mesmo se aplica ao som. Se for necessário fazer referência a algo que não pode ser ilustrado, faça-o indiretamente sem chamar atenção para o que está faltando na cobertura.

O terceiro erro é produzir várias frases que explicam exatamente aquilo que o público é capaz de ver por si próprio. As sentenças ficarão muito longas e o estilo, pesado, mais adequado para uma página impressa. Deixe que palavras e imagens "se toquem" levemente. Não diga o óbvio nem simplesmente repita o que está passando na tela, e varie a extensão das frases para não parecer empolado.

O quarto erro é descuidar da precisão. Exemplo: se você está escrevendo sobre a quantidade de carros numa estrada, na tomada deverão predominar carros, e não caminhões ou ônibus. Se tiver dúvida, use termos gerais. Neste caso, "tráfego" incluiria qualquer coisa desde uma bicicleta até um carro alegórico.

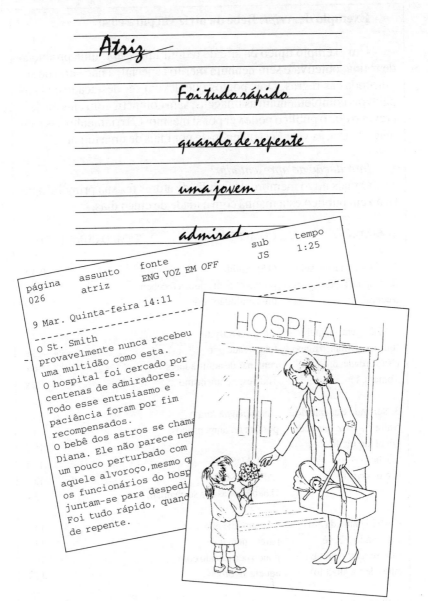

A mecânica imagem-*script*

Escreva um segundo de *script* — três palavras — para uma única linha do seu bloco ou terminal de computador, de preferência em espaço duplo (1). Fica mais fácil acompanhar quando se faz essa seqüência. Comece escrevendo em torno de uma tomada importante (2). O resto do *script* deverá então se encaixar.

Exemplo de *script*: Bebê da atriz vai para casa

Um exemplo típico da arte de redigir um *script*: uma produção de rotina, objetiva e sem nenhum mérito especial, a não ser o de seguir todas as regras. Dois pontos que devem ser destacados: (1) as palavras complementam as imagens, sem competir com elas ou descrever o que o público pode ver por si mesmo; (2) o tamanho das sentenças varia, às vezes estendendo-se por mais de uma tomada.

Introdução do apresentador:
O mais novo membro da família de atores fez sua primeira aparição em público esta manhã com a idade de cinco dias.

TOMADA Nº	COMENTÁRIO	TEMPO CUMULATIVO
1. *Close-up* na entrada	O St. Smith	0-1 s
do hospital (apresentando	provavelmente nunca recebeu	2 s
a cena)	uma multidão como...	3 s
2. Visão geral da multidão	...esta. O hospital	4 s
feliz em primeiro plano	foi cercado por	5 s
(Na verdade, o fim da	centenas de admiradores.	6 s
Tomada 1)	Todo esse entusiasmo...	7 s
3. Sorrindo e acenando,	...e paciência foram	8 s
o ator e a atriz aparecem	por fim recompensados.	9 s
em plano médio com		10 s
o bebê	(APLAUSOS)	11 s
(Sem *script*)	(APLAUSOS)	12 s
	O bebê dos astros se chamará	13 s
4. Meio plano da atriz	...Diana. Ele não	14 s
segurando o bebê	parece nem um	15 s
(não revelar o nome	pouco perturbado com	16 s
antes de focalizá-lo)	aquele alvoroço...	17 s
5. Plano geral das	...mesmo quando os	18 s
enfermeiras sorrindo	funcionários do hospital	19 s
na sacada (Compactar	juntam-se para despedir-se...	20 s
a ação)		

6. Plano médio do carro estacionando na entrada enquanto uma garotinha atravessa a multidão entrega um buquê (melhor momento)	Foi tudo rápido, quando de repente uma jovem admiradora atravessa a multidão para entregar um presente aos atores...	21 s 22 s 23 s 24 s 25 s 26 s
7. Plano médio da garotinha voltando para o seu lugar na multidão (Comentário e pausa de três segundos)	...antes de voltar para sua casa, satisfeita. (SOMENTE O SOM) (SOMENTE O SOM) (SOMENTE O SOM)	27 s 28 s 29 s 30 s 31 s 32 s
8. Atriz em plano médio aparece acenando (Momento de acrescentar mais detalhes sobre ela)	Para a atriz, ser mãe não faz muita diferença em sua carreira. No próximo mês...	33 s 34 s 35 s 36 s 37 s
9. O ator e a atriz, em plano médio, entram no carro (A referência a ele é feita só depois da tomada de ambos)	...ela e o ator começarão os ensaios de um novo musical. Ainda...	38 s 39 s 40 s 41 s
10. Plano geral e panorâmica do carro se afastando (O *script* termina com uma referência ao bebê que está no carro; há uma margem de dois segundos antes de desaparecerem as imagens)	não há um papel para Diana. (SOMENTE O SOM) (SOMENTE O SOM)	42 s 43 s 44 s 45 s

Capítulo 5
A COBERTURA DA MATÉRIA

APRESENTANDO A EQUIPE DE REPORTAGEM
Nem todas as equipes sabem lidar com a notícia.

A notícia exige das equipes de reportagem que trabalham junto com os repórteres de televisão a capacidade de pensar e trabalhar rápido, o vigor físico, uma noção superficial (no mínimo) dos princípios editoriais e a disposição para aceitar uma postura descomplicada — alguns diriam simplista — em relação à sua arte.

Essas equipes sabem que a competição em nível local, regional, nacional e internacional é constante. Equipe e repórter são julgados todos os dias pelos resultados que apresentam, pelas imagens — ou pela história por trás das imagens — que fizeram ou deixaram de fazer.

Funcionário *versus free lance*

As grandes agências internacionais de notícias têm condições de manter suas próprias equipes de reportagem que cobrem o mundo todo. Aqueles que não podem dar-se a tal luxo talvez tenham de dividir pessoal com outros departamentos da empresa, sofrendo atrasos e dispondo de material de qualidade duvidosa caso as notícias não tenham prioridade. Outros arranjos incluem a contratação de equipes que atuam como diaristas ou por tarefa, ou a formação de equipes improvisadas, constituídas de pessoal disponível das áreas técnica e da produção. Embora as equipes de mais alto nível sejam compostas de especialistas treinados, nem sempre os técnicos conhecem melhor do que o repórter novato a arte de conduzir uma história.

O encolhimento do equipamento de câmera.
A câmera de 16 mm foi o versátil suporte dos noticiários de televisão durante mais de vinte anos, em tempos de paz e de guerra. Utilizava-se um rolo sonoro de 120 m, a princípio mono e depois em cores.

A Coleta Eletrônica da Notícia (ENG).
A "Revolução Peso-Leve" de meados da década de 70 introduziu o videoteipe de 3/4 de polegada, acondicionado em cassetes compactos: a reprodução instantânea substituiu o tempo de processamento do filme.

Meia polegada, o formato do final da década de 80. Imagem e som são de excelente qualidade e disponíveis em unidades de câmera e gravação, de uma ou duas peças, algumas baseadas em equipamento para uso doméstico. A ênfase é na economia e na mobilidade; as equipes em campo estão equipadas com recursos de gravação e edição. (Cortesia Key West)

Equipe de reportagem: número de componentes

Ao contrário das equipes envolvidas no trabalho de apresentação, as equipes de câmera para a cobertura de notícias compreendem até três pessoas, sem contar o repórter e às vezes um produtor. É claro que o custo é um dos fatores dessa redução de tamanho, mas o motivo principal é a necessidade de deslocamento ágil sob pressão, talvez sob condições em que uma equipe maior seria um estorvo.

Equipe de um só

Nos últimos anos tentou-se reduzir ainda mais o tamanho das equipes, com a introdução de equipamentos melhores e mais fáceis de operar e pela combinação de especialidades. A crescente tendência à operação de câmera, som e luz por uma só pessoa não se restringe aos noticiários mais modestos, pois os benefícios em termos de flexibilidade, velocidade e mobilidade são de fato atraentes. O medo do desemprego parece ter diminuído com o revezamento e o equipamento de cada membro com uma câmera.

Apesar das vantagens da equipe de um só membro, é preciso fazer uma advertência. A banda de um homem só (inevitavelmente eles eram homens) sempre existiu nas regiões mais afastadas, mas a economia que representam às vezes não compensa a modesta qualidade do seu trabalho.

QUEM É QUEM NA EQUIPE DE REPORTAGEM

Você é o responsável, mas...

As tarefas realizadas por membros de uma típica equipe de reportagem para noticiários pertencem a duas categorias principais — imagem e som. Um terceiro elemento — a iluminação artificial — nem sempre é necessário. Se for, poderá ser suprido quer por um equipamento transportado pela equipe, quer por outro técnico.

Câmera

O profissional que opera a câmera para um noticiário é tradicionalmente o mais experiente numa equipe de dois. Sua responsabilidade consiste em posicionar a câmera, compor a imagem e filmar a cena. Operadores de câmera veteranos também são respeitados pelo conhecimento editorial obtido graças à sua experiência; embora o repórter seja nominalmente o responsável, se for sensato sempre ouvirá os conselhos dos mais experientes.

Som

O técnico de som é o principal responsável pela operação da gravação sonora, garantindo que os diversos níveis de voz estejam equilibrados e escolhendo o microfone certo para cada ocasião. A introdução do som estéreo torna sua atividade mais difícil, e a especialização ampliou-

Câmera
Compõe a imagem, filma a cena.
Dá sugestões ao repórter.

Som
Opera o gravador, escolhe os microfones.
Faz a manutenção do equipamento.

Iluminação
Monta as luzes em lugares pouco iluminados. Localiza a fonte de energia.

se de forma que inclui a manutenção imediata do equipamento. Como apoio e treino para futura promoção, o técnico de som também pode ter a oportunidade de usar a câmera sob supervisão. Esses profissionais provavelmente se beneficiarão com a tendência à equipe de um só membro ou à equipe conjugada, visto que categorias estanques serão eliminadas.

Luzes

Assistentes de iluminação — os iluminadores — costumam operar independentes do resto do grupo. Utilizam um equipamento de iluminação portátil e manual, poderoso o bastante para iluminar tomadas internas e lugares onde a iluminação é fraca. À medida que as lentes se tornam mais versáteis e sensíveis, reduz-se o número de ocasiões em que é necessária uma iluminação separada.

Para chegar lá

Operador de câmera e técnico de som fazem um trabalho de equipe, geralmente utilizando transporte próprio. Seus discretos *sedans* cada vez mais estão sendo substituídos por veículos sofisticados e equipados para transmitir diretamente do local. Algumas empresas de comunicações deram um passo além, combinando equipe de reportagem e repórter, edição de imagem e recursos de transmissão em uma única unidade móvel auto-suficiente.

IMPORTÂNCIA DOS OPERADORES DE CÂMERA

...peça sugestões a uma equipe experiente.

Apesar das importantes aptidões específicas com que cada um dos membros da equipe técnica de apoio contribui para o trabalho do repórter, um deles se destaca dos demais: aquele que opera a câmera se interpõe entre você, suas idéias e a execução delas.

É uma peculiaridade do jornalismo de televisão concentrar tanto poder nas mãos de um não-jornalista; sejam quais forem os motivos atribuídos aos repórteres e as críticas que lhe são feitas, pouca atenção é dada aos câmeras, que tomam decisões editoriais importantes toda vez que apontam as lentes para uma determinada cena e não para outra. Isso contrasta com o rádio e o jornalismo impresso, em que o papel dos técnicos é totalmente não-editorial e seus serviços só são levados em conta depois de terminado o trabalho do repórter.

Portanto, é discutível até que ponto é possível ao repórter ser melhor do que permite o trabalho de câmera. Esta função certamente é vital. Grande parte do início da sua carreira pode ser positiva ou negativamente influenciada pelo temperamento e habilidade daqueles designados para operar a câmera. É possível aprender muito sobre seu próprio trabalho observando como os outros colegas realizam o deles.

Discuta o conteúdo

Procure estabelecer um bom relacionamento desde o começo. Desenvolva o hábito de discutir a forma e o conteúdo propostos para a sua matéria antes de iniciar o trabalho e, especialmente enquanto você ainda for inexperiente, aceite orientação, sugestões e idéias de pessoas com mais experiência. Confie nelas. Raramente você ficará decepcio-

A importância dos operadores de câmera
O repórter de televisão faz parte de um grupo. Portanto, aproveite a experiência de quem trabalha com você. Os operadores de câmera que se orgulham do seu trabalho transmitem de bom grado seu conhecimento aos jovens repórteres, fazendo o melhor para garantir um produto final bem-sucedido. Mas não toleram arrogância e presunção.

81

nado. O orgulho profissional faz com que os câmeras digam: "se o repórter falhar, todos nós falharemos".

No entanto, é sempre você quem deve tomar as iniciativas, por mais inexperiente que seja; portanto, o relacionamento poderá ser difícil. Talvez às vezes seja necessário insistir nas suas idéias contra aquilo que parece ser uma avaliação melhor. Se e quando ficar provado que você errou, tenha a grandeza de admitir.

Suscetibilidades

É igualmente importante não desprezar as suscetibilidades profissionais dos outros. Por exemplo, nunca tente "bancar o diretor". Consome tempo e pode parecer pretensioso, pois o jornalismo de televisão não se encaixa na técnica dos longas-metragens. Espere para ser convidado a olhar pelo visor durante uma tomada. Se isso acontecer, é um privilégio que deve ser valorizado.

Finalmente, lembre-se de que a responsabilidade do operador de câmera pelo conteúdo pictórico inclui a noção da necessidade de filmar imagens dentro do prazo de fechamento e segundo o processo de edição; portanto, em situações que envolvem notícias urgentes não espere um trabalho de câmera meticuloso e elaborado.

O EQUIPAMENTO DE CÂMERA

A revolução peso-leve.

O equipamento de câmera passou por várias modificações desde a época em que o cinejornal fez a cobertura da guerra com câmeras de 35 mm semelhantes às utilizadas nos filmes de longa-metragem. Primeiro houve a mudança para a câmera de 16 mm — originalmente considerada equipamento de amador —, mais leve e mais fácil de carregar, e ainda com trilha sonora magnética, um rápido processamento químico e modernas técnicas de edição. Vinte anos depois, no final da década de 70, houve uma nova revolução em que o filme foi praticamente substituído pelo videoteipe, que é reutilizável e de exibição instantânea. As conseqüências dessa revolução ainda se fazem sentir; a evolução da eletrônica e da tecnologia de computação aponta para o avanço em direção a fitas e câmeras ainda menores e mais leves. O mesmo acontece com o aperfeiçoamento na qualidade da imagem e do som.

Coleta eletrônica de notícias

O termo geralmente aceito para o equipamento leve utilizado em noticiários é Coleta Eletrônica das Notícias (ENG — *Electronic News Gathering*), embora existam outras terminologias, que incluem Jornalismo Eletrônico (JE) e Câmera Única Portátil (CUP).

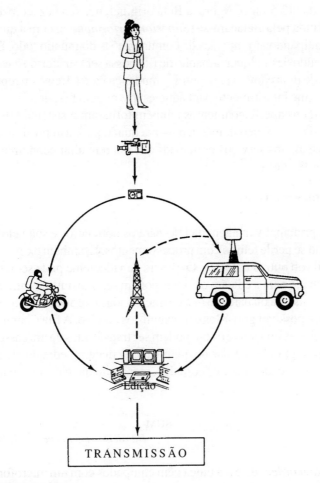

Vantagens da ENG

Uma *camcorder* de uma só peça oferece agilidade e flexibilidade. Som e imagens podem ser gravados na fita para entrega manual ou transmitidos diretamente para a emissora, ou para um ponto intermediário, através de *links* de microonda. Quando necessário, os recursos para transmissão ao vivo também estão disponíveis via satélite.

A ENG em qualquer de suas formas consiste em uma câmera pesando alguns poucos quilos e um videocassete portátil que grava imagem e som. Alguns modelos combinam ambas as funções em uma só peça; são as "camcorders" (câmera-gravador).

O primeiro equipamento ENG amplamente utilizado funcionava numa fita de 3/4 de polegadas (19 mm), que está sendo suplantada pela Betacam, um sistema introduzido pela Sony e que usa uma fita de 1/2 polegada (12,5 mm). Agora, a Beta original, por sua vez, começa a ser substituída pela Betacam-SP (*Superior Performance*), com a qual estão se reequipando as empresas de comunicações do mundo todo. Embora o conteúdo de qualquer tamanho de fita possa ser transferido eletronicamente de uma câmera para outra, a mudança para a Betacam representa um enorme investimento para aqueles que podem fazê-lo.

Alguns aperfeiçoamentos também tornaram o sistema VHS de 1/2 polegada — o vídeo doméstico — adequado para uso profissional por parte de alguns serviços noticiosos que querem aliar economia a altos padrões técnicos.

A vantagem da ENG

A principal vantagem da ENG para os noticiários é sua velocidade, pois não se perde tempo com processamentos. É também extremamente versátil sob outros aspectos. O cassete de videoteipe pode ser retirado e despachado para a edição; os sinais podem ser transmitidos diretamente para a emissora ou para um *link* de microondas intermediário; ao mesmo tempo, é possível gravá-los e transmiti-los ao vivo. A fita é barata e reutilizável, e as imagens e o som podem ser transferidos de um cassete para outro sem grandes perdas de qualidade. O material editado eletronicamente na verdade nunca é "cortado", mantendo intacto o original.

SOM
Não deixe o microfone de mão balançar.

Camcorders de peça única vêm equipados com um microfone acoplado na parte de cima do corpo da câmera. Esse microfone capta o som da direção em que a câmera está apontada. Em alguns modelos, pode-se removê-lo da base e segurá-lo com a mão. Outros sistemas de ENG têm cabos conectados ao gravador cassete, o que permite a ligação de vários microfones de acordo com o lugar e as condições. São quatro os principais tipos de microfones utilizados na cobertura de noticiários:

Microfone pessoal

É leve, não-aparente e apropriado para uso em entrevistas. Há, pelo menos, duas versões — uma em que ele vem acompanhado de um cordão para pôr no pescoço, e outra (também conhecida como microfone de lapela) em que fica preso diretamente na roupa. Em ambas o microfone

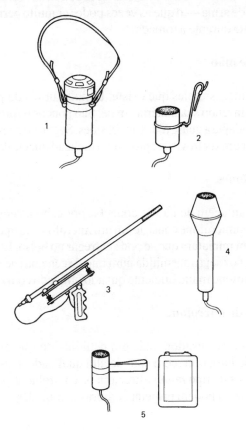

Tipos de microfones
Há dois tipos de microfones pessoais: com cordão para pôr no pescoço (1) e outro para prender na roupa (2). Microfones direcionais (3) têm o formato de uma arma. O microfone de mão (4) é versátil e de uso imediato, enquanto o radiomicrofone (5) tem duas partes — um microfone pessoal e um transmissor em miniatura.

85

ajusta-se na altura do peito, o que ajuda a evitar ruídos de fundo. Nos dois casos o fio, que não parece muito elegante quando visível, pode facilmente ser ocultado.

Microfone direcional

É apontado pelo técnico de som na direção de quem está falando. Seu cano longo e fino geralmente é coberto por um sonoflector de metal como proteção contra o barulho do vento. Este microfone capta som de longa distância, mas dentro de um ângulo estreito. Sua desvantagem é ter o formato de arma — o que às vezes pode ser muito perigoso — e tornar-se aparente durante a tomada.

Microfone de mão

Este é o mais simples que existe. É muito utilizado por repórteres quando estão fazendo sua matéria em pé. São poucos os preparativos exigidos e ele se adapta a quase todas as ocasiões. Segure-o com firmeza perto da boca. Se for uma entrevista, aproxime-o delicadamente do entrevistado.

Radiomicrofones

Com a vantagem de não se conectar por cabo ao equipamento de câmera, o radiomicrofone consiste em um microfone do tipo pessoal e um transmissor em miniatura que se pode carregar no bolso. Este dispositivo permite que a voz seja transmitida num raio de centenas de metros. Trata-se de um microfone muito eficiente quando utilizado com moderação.

Outros tipos de microfone

Costumam ser usados mais em estúdios do que em exteriores. Microfones de base oferecem som de alta qualidade, mas são incômodos; microfones do tipo *boom* (direcionais, controlados por operadores específicos *boom*) podem projetar sombras incômodas.

Capítulo 6
TÉCNICAS BÁSICAS DE REPORTAGEM

STAND-UPS

Domine esta técnica acima de tudo.

O *stand-up* sempre foi considerado uma das técnicas fundamentais da reportagem de televisão, embora tenha altos e baixos de acordo com a moda. Mesmo assim, continua sendo a pedra de toque da confiança diante das câmeras. Não envolve complicação, mas nenhum repórter conseguirá progredir na carreira sem dominá-la.

A palavra diz tudo. O *stand-up* consiste numa comunicação direta com a câmera — e por meio dela com o público. Além disso:

- Estabelece a presença do repórter no local.
- Não requer muito tempo.
- É versátil, pois pode ser usado como único recurso na transmissão da notícia.

Alguns repórteres, porém, preferem não fazer uso do *stand-up*, considerando uma falha ter de recorrer à sua própria fala em vez de utilizar uma ilustração mais apropriada. Outros, surpreendentemente, são reticentes porque lhes falta a técnica, que depende de três coisas:

- Capacidade de articular diretamente a linguagem falada.
- Boa memória.
- Comunicação fluente e segura.

A ênfase num bom estilo de redação já foi mencionada, portanto examinemos os outros requisitos.

A adequação da imagem de fundo

Isso é essencial para todos os *stand-ups*, cujo objetivo é provar ao telespectador que os repórteres estão onde dizem que estão. As apresentações diante da câmera são realçadas com fundos relevantes, sempre preferíveis àqueles sem nenhuma identificação. Vale a pena perder algum tempo escolhendo o cenário mais apropriado, mas não se esqueça de consultar os outros integrantes da equipe antes de decidir seu posicionamento. Não se coloque sobre um fundo tão agitado a ponto de o telespectador não se interessar pelo que você tem a dizer. Cenários barulhentos também distraem a atenção do público. Nunca deixe o telespectador sem saber a razão de um determinado fundo. Palavras de apresentação devem explicar a escolha.

No meio da tela ou do lado?

Algumas empresas de comunicação preferem que seus repórteres fiquem posicionados no centro da imagem enquanto fazem o *stand-up*. Acreditam que assim se ganha autoridade. Outras, mais preocupadas com a composição, preferem que o apresentador se coloque em um dos lados, argumentando que dessa maneira o repórter torna-se parte da cena, não apenas uma sobreposição. Talvez você não possa escolher. Se puder, seja coerente.

AUXILIARES DE MEMÓRIA

Decore o script *por partes.*

O problema mais óbvio que você enfrenta ao preparar seu primeiro *stand-up* é lembrar-se das palavras. Para aqueles que ficam nervosos e não conseguem memorizar nada, o improviso não é a solução; raramente convence quando não é fluente e, sob circunstâncias em que a precisão de idéias e linguagem são necessárias, pode ser muito arriscado.

Como se lembrar das palavras

Para o iniciante, o segredo é ser cauteloso e não querer ir longe demais. Primeiro, escreva o que você vai dizer e memorize. Se você consegue se lembrar de um poema de cinco estrofes, então poderá dominar 30 palavras — o equivalente a 10 segundos. Quando isso parecer fácil, acrescente etapas de 15 palavras — 5 segundos —, até alcançar um limite cômodo e razoável.

Stand-ups
Encontre o lugar mais apropriado para contar sua história. Uma imagem de fundo colocará sua matéria num contexto (1), mas cuidado para não distrair o público com muitos detalhes na tela (2). Um cenário sem nenhum significado é maçante e não acrescenta nada (3). Algumas empresas de comunicação preferem que seus repórteres se posicionem no centro da tela (4). Outras entendem que a composição é realçada com o repórter em um dos lados.

Alternativas

Se as circunstâncias exigem uma matéria de 40 segundos e o máximo que você consegue dominar são 20, não tente acomodar sua fala numa única tomada contínua. Peça ajuda à equipe de câmera para gravar suas palavras em dois segmentos separados. Não se esqueça de se enquadrar de um modo diferente em cada parte; caso contrário, com a edição das duas tomadas, o resultado será algo esquisito. Não é um procedimento elegante, mas funciona.

Outra saída é garantir que pelo menos os parágrafos de abertura e de fechamento sejam bem elaborados; o resto pode ser lido de um caderno ou de uma prancheta. Não se esqueça de focalizar esse procedimento, ou os telespectadores ficarão sem saber o que você está olhando.

O tele-*prompter* eletrônico

Se nenhum desses métodos funcionar, o jeito é apelar para a tecnologia. Existem versões de campo dos tele-*prompters* eletrônicos normalmente utilizados em estúdio (ver p. 142), embora tendam a ser reservados para *scripts* de documentários longos e não para os noticiários.

Minigravadores

Um segundo auxiliar muito utilizado é o minigravador. Primeiro, o *script* é redigido e gravado. O aparelho não é focalizado e o repórter apresenta-se diante da câmera ouvindo a reprodução da fita gravada em um pequeno fone de ouvido e repetindo as palavras em voz alta. Com a prática, este é o método mais eficiente para aperfeiçoar a fluência da comunicação, embora, obviamente, seja importante estar uma ou duas sentenças à frente da gravação e se concentrar no que se fala e também no que se ouve. O fone de ouvido deve se encaixar de forma que não seja percebido. E não se esqueça de trocar as pilhas.

A ARTE DA ENTREVISTA
Regra: saiba por que você está entrevistando.

A entrevista é uma arte cujas regras devem ser cuidadosamente definidas de acordo com o objetivo que você deseja alcançar. Ela é muito mais do que aquela seqüência de perguntas rotineiras que pouco

Auxiliares da memória

Se você não confia na sua capacidade de se lembrar da fala, um minigravador com fone de ouvido (1) ajudará na fluência em quase todas as ocasiões. Uma vez redigido e gravado o *script* (2), coloque o aparelho no bolso. O fone de ouvido aparece do lado, enquanto você fala com o auxílio da gravação (3).Tomando os devidos cuidados, a câmera — bem como o público — verá apenas um desempenho seguro (4) (o autor). Um recurso menos sofisticado é a "dália", que na versão mais simples é um *script* manuscrito mantido abaixo ou ao lado da câmera.

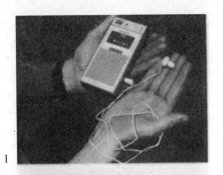

variam seja qual for o assunto — o equivalente jornalístico do "papo de vendedor". Os melhores entrevistadores só se sentem satisfeitos quando parecem desenterrar alguma verdade ou abrir caminho para uma compreensão mais ampla.

Os iniciantes tendem a ver as entrevistas de televisão apenas em termos de longas e combativas ações convencionais desenroladas nos estúdios em horário nobre, e ficam surpresos quando descobrem a existência de vários outros tipos — além daquelas utilizadas nos noticiários —, cada um deles exigindo diferenças sutis de tratamento.

Preparação

A primeira regra da entrevista — e que não tem nada a ver com a ética ou técnica jornalística — é a seguinte: *descubra quem você está entrevistando e por quê*. Não espere até que a câmera esteja filmando, nem que o entrevistado venha socorrê-lo. Alguns virão; outros irão saborear a oportunidade. Nada é tão desgastante para a sua credibilidade perante o público e abala tanto sua segurança quanto uma entrevista que começa mal, com o entrevistado corrigindo um nome ou título antes de responder a primeira pergunta. Constrangimento por toda parte — e às suas custas.

Uma vez conhecidos os detalhes básicos, pergunte a si próprio o que você espera da entrevista. Fatos para registro? Uma opinião? Ou uma combinação de ambos? Deverá ser curta e incisiva ou conduzida de uma maneira informal e cortês?

A extensão e a profundidade da pesquisa obviamente variam de acordo com o tipo de entrevista. Um exame completo dos fatos anteriores é mais provável no caso de uma minuciosa entrevista política do que com a testemunha ocular de um assalto.

Perguntas

Alguns jornalistas não preparam as perguntas de antemão, preferindo improvisar e deixar que a entrevista siga seu curso natural. Há muito poucas circunstâncias em que essa prática é recomendável, e poucos repórteres conseguem se sair bem com essa técnica. Fazer perguntas a esmo, à medida que surgem na mente, é falta de disciplina e quase sempre acaba resultando em confusão, omissão e redundância.

92

A entrevista *set-piece* (1)
Uma das principais categorias tanto no estúdio quanto em externas, a montagem clássica de câmera única tem a lente apontada para o entrevistador, por sobre o ombro do repórter.

No entanto, a menos que haja risco de ficar sem perguntas, não há por que escrever uma longa lista e ficar preso a ela custe o que custar. Se você tem medo de "ter um branco", vale a pena fazer algumas anotações para estimular a memória, mas é mais espontâneo elaborar um esboço das linhas gerais a serem tratadas e deixar os detalhes para quando a entrevista já tiver começado.

PREPARATIVOS PARA A ENTREVISTA
O ensaio detalhado destrói a espontaneidade.

A maioria das entrevistas beneficia-se com a espontaneidade; portanto, não é uma boa idéia detalhar perguntas. Pela mesma razão, evite "provas" ou ensaios com ou sem câmera, pois entrevistadores nervosos ou inexperientes correm o risco de esgotar o assunto antes mesmo de começar a entrevista real. Mas como o objetivo de qualquer entrevista é extrair algo de útil para o público, deve-se oferecer ao entrevistado uma idéia geral do âmbito a ser coberto e da forma que se pretende dar à entrevista.

Submetendo as perguntas

Não concorde prontamente em submeter de antemão as questões à apreciação do entrevistado, a não ser que seja o único meio de garantir uma entrevista importante ou muito concorrida, e — salvo algumas raras circunstâncias — não conceda o direito de veto a parte do material ou a todo o produto acabado.

Julgue o mérito da exigência caso o entrevistado concorde em aparecer sob a condição de não se tocar num determinado assunto ou não se fazer uma pergunta em particular. Tudo depende de quão importante é a entrevista. Geralmente, numa entrevista bem conduzida torna-se possível levantar aquela questão controversa. Em outras ocasiões, seria ridículo não fazer a excitante pergunta do momento; a recusa em responder — e a forma de fazê-lo — por si só já vale a pena. Uma vez, porém, que as condições sejam aceitas, mantenha a palavra. Qualquer outro comportamento seria antiético.

O tom

Boa parte da crítica que se faz aos entrevistadores está relacionada ao seu "tom". Raramente dirão que você agiu certo. As opiniões dos telespectadores inevitavelmente são afetadas por seus próprios preconceitos e percepções. Não é nada incomum metade do público achar — sinceramente — que você foi muito duro e agressivo e a outra metade — com igual sinceridade — julgá-lo brando e inseguro.

Você enfrentará todos os dias esse dilema: por isso, tente esquecer a reação do público e procure adotar um tom que se adapte à ocasião. Às vezes é necessário insistir com um entrevistado que parece evitar responder a perguntas legítimas. Lamentavelmente, esta se tornou uma tática muito utilizada por políticos e outros. Deve-se observar, porém, o mínimo de cortesia; e lembre-se de que o entrevistado é quem toma a última decisão: se ele, ou ela, não gostar do modo como está sendo tratado, poderá simplesmente ir embora.

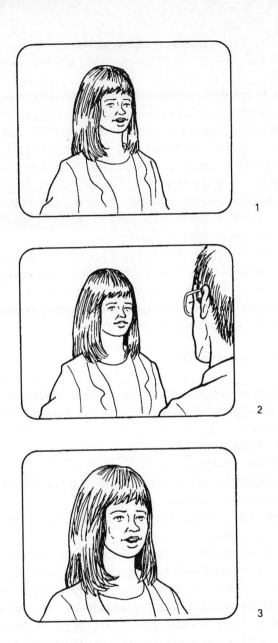

Entrevistas *set-piece* **(2)**
Geralmente é uma tomada em meio plano, focalizada no entrevistado (1). Em vez de parar a câmera, faça com que as mudanças na composição ocorram durante a formulação das suas perguntas (2); depois, faça os cortes na edição.

TÉCNICAS DE ENTREVISTA

Regra: pergunte, não afirme.

A técnica de entrevista para a televisão é bem diferente daquela utilizada por jornalistas da imprensa escrita. Estes podem conduzir suas entrevistas pelo telefone ou em algum canto sossegado, acompanhados apenas de um drinque, lápis e bloco de notas ou um minigravador. A ocasião pode ser formal ou informal, e podem-se fazer perguntas e pedir esclarecimentos da maneira que for mais apropriada. Perguntas e respostas não precisam seguir os rigores gramaticais nem uma seqüência lógica, pois ao voltar para o seu teclado o jornalista poderá ajeitar seu produto, dando-lhe a forma desejada.

O trabalho do repórter de televisão não existe se não for exposto ao público. No mínimo, a entrevista é conduzida na presença de um técnico com sua câmera, o que imediatamente cria um ar artificial. Depois, a técnica do entrevistador é submetida a uma observação atenta e minuciosa, o que não acontece na imprensa escrita.

Formulando as perguntas

- Toda entrevista tem sempre um elemento de *performance*. Esteja consciente disso, mesmo que suas perguntas possam ser editadas.
- Não fale demais.
- Seja claro e preciso.
- Faça perguntas, não afirmações que deixem o entrevistado pensando se deve responder.
- Formule perguntas curtas, mas não tão curtas a ponto de não serem assimiladas.
- Lembre-se de que o público está mais interessado nas respostas do entrevistado do que nas perguntas do entrevistador.
- Uma vez feita a pergunta, deixe o entrevistado responder. Se tiver de interromper, faça-o quando houver uma pausa natural. Gravações de vozes sobrepostas são impossíveis de editar.
- Se o entrevistado se desviar muito do assunto, traga-o de volta ao tema. Se necessário, pare a câmera, explique a ele o que está acontecendo de errado e comece novamente.
- Evite perguntas "introdutórias". São pura perda de tempo.

- Não anteceda cada pergunta com palavras ou frases de deferência que indiquem receio. Exemplos típicos: "Posso perguntar/ Você se importa se eu perguntar...?"
- Seja ousado e direto — uma postura muito rude, no entanto, é contraproducente.
- Cuidado para não fazer perguntas que provoquem respostas de uma só palavra, geralmente "sim" ou "não".

Adicionais

Alguns entrevistadores novatos ficam tão preocupados em formular suas perguntas que se esquecem de ouvir as respostas. Esteja sempre preparado para fazer perguntas adicionais; e se de repente o entrevistado tomar um rumo inesperado, e mais interessante, siga-o.

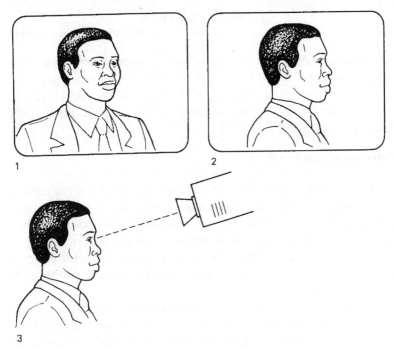

Técnica de entrevista
Posicione o entrevistado ligeiramente num dos lados, olhando na direção do lado vazio da tela (1). A tomada de "perfil" faz o entrevistado olhar para fora da tela, parecendo excluir o público (2). A perspectiva do operador de câmera deve estar 50 a 75 mm acima da linha de visão do entrevistado (3).

Perguntas padrão

Algumas perguntas são feitas com tanta freqüência que se tornaram clichês. Evite-as:

- Como você se sente...?
- E quanto ao futuro?
- Qual foi sua reação à...?
- Qual exatamente a gravidade...?
- O que exatamente...?
- Quando exatamente...?
- Por que exatamente...?

São simplesmente irritantes.

TIPOS DE ENTREVISTAS
Regra: siga um padrão lógico.

A maior parte das entrevistas se encaixa num número limitado de categorias. No momento é importante estabelecer a diferença, pois o que estamos examinando aqui são aquelas conduzidas no local com uma equipe de ENG. Entrevistas feitas diante das câmeras de um estúdio serão discutidas nas páginas 103 a 111.

Entrevistas programadas

Fornecem boa parte do material básico para inclusão em reportagens maiores. Pressupõem a disposição do entrevistado em participar, o que significa que às vezes as coisas podem ser providenciadas com bastante antecedência, permitindo ao repórter preparar-se devidamente.

Esta forma de entrevista costuma ocorrer nos domínios do entrevistado e tende a ser utilizada para extrair opiniões e interpretações e não para a obtenção de fatos.

Uma típica entrevista programada para noticiosos provavelmente consiste em não mais que seis ou sete perguntas. Não se esqueça de seguir um padrão lógico, com começo, meio e fim identificáveis, de modo que depois seja possível escolher um segmento coerente, facilitando assim a edição. Passa-se portanto menos tempo na sala de edição e o resultado na tela não parecerá fragmentado.

Coloque a entrevista num contexto, inserindo-a num fundo relevante. Se houver uma alternativa sensata para a impessoalidade do escritório, utilize-a. Durante a entrevista, a câmera, por sobre o ombro do repórter, provavelmente apontará para o entrevistado, que estará enquadrado em meio plano. Todas as mudanças necessárias de tomada e ângulo devem ocorrer somente durante a formulação das perguntas, que provavelmente serão cortadas da versão final e substituídas por "inserções" (ver p. 100).

Plantão na rua

A entrevista feita num plantão de rua ocorre quando o repórter — às vezes literalmente na porta de um edifício — fica esperando o entrevistado aparecer. Pode ser alguém em especial ou qualquer pessoa que esteja disposta a falar.

As perguntas geralmente são diretas — e comumente relacionadas ao resultado de encontros ou negociações oficiais.

O *doorstepping* tende a ser um método de entrevista arriscado — pode falhar totalmente ou ser um sucesso. Não é muito apreciado pelos repórteres, embora geralmente se consiga algum material útil. Também é surpreendente a freqüência com que uma pergunta feita aos gritos a alguns metros de distância termina com a pessoa interpelada concordando em participar de uma entrevista propriamente dita.

Esse tipo de entrevista, por natureza, exige do repórter muita paciência, vigor e disposição para embrenhar-se no meio do pessoal da mídia e apontar o microfone para a pessoa certa.

Na confusão, não se esqueça de levar os demais membros da equipe com você.

Entrevistas (locais) com testemunhas oculares

Entrevistas com testemunhas oculares, ou locais, buscam quase sempre informações factuais. Aqui vem à tona aquela velha habilidade jornalística de persuadir alguém a falar diante das câmeras. Testemunhas oculares de acidentes, catástrofes e crimes fornecem a matéria-prima da reportagem do dia-a-dia. Provavelmente são as entrevistas mais fáceis de conduzir. Não há nenhum segredo nessa técnica, mas não cometa gafes com perguntas insensíveis ou impróprias.

"Povo fala"

A aceitação geral da precisão das pesquisas de opinião tende a fazer com que o uso do "povo fala" nos noticiários de televisão pareça algo obsoleto. Nunca se pretendeu que fossem mais do que um apanhado de opiniões obtido aleatoriamente, mas que tinha o mérito de proporcionar a algumas pessoas do povo a chance de expressar o que pensam. Atualmente, é mais provável que seja utilizada com intenções humorísticas.

A técnica consiste na mesma pergunta sendo formulada para cada entrevistado, de modo que as respostas possam ser editadas em conjunto sem que o repórter apareça.

Coletivas

Coletivas são entrevistas em grupo, às vezes reunindo até centenas de jornalistas. Geralmente começam com declarações feitas por uma ou várias pessoas, seguidas de uma pergunta aberta e uma sessão de respostas. A não ser que haja uma ordem preestabelecida, o problema para os repórteres de televisão está em fazer sua pergunta quando outros tentam fazer o mesmo, e às vezes quando a câmera não se encontra em posição de gravar. Para tornar as coisas ainda piores, se houver mais de um entrevistado, como geralmente acontece, nada garante que a pergunta seja respondida pela pessoa a quem foi dirigida.

A coletiva pode ser satisfatória como exercício para coleta de informações, mas geralmente é mais uma forma de "entrevista" não muito apreciada pelos repórteres. Ela sugere controle da notícia, pois se vários jornalistas fazem perguntas ao mesmo tempo, a mesa provavelmente não escolherá as mais inconvenientes. A solução ideal é filmar algum material de cena e em seguida procurar fazer entrevistas separadas. Se não for possível, arrisque a sorte junto com os demais. Certifique-se de que seu técnico de som posiciona o microfone na mesa principal, de preferência fixando-o bem firme próximo ao microfone dirigido ao público. Assim, com certeza, você pegará todas as respostas com clareza, e se necessário poderá acrescentar mais tarde perguntas em *off*.

CONTRAPLANOS
Não trapaceie com perguntas inseridas.

Os contraplanos feitos pelo repórter são gravados no caso de o editor de imagem precisar ligar certos segmentos de uma entrevista gravada numa só câmera. Trata-se de um recurso cinematográfico de edição, cuja intenção é evitar que apareça na tela um deselegante corte repentino.

Contraplanos
Quando uma única câmera é utilizada, esta se concentra no entrevistado (1). Tomadas do repórter são feitas posteriormente para funcionar como uma ponte entre as partes editadas, evitando assim deselegantes cortes repentinos na tela. (2) A não ser que se tome o devido cuidado na montagem dessas inserções, o formato entrevistado e entrevistador, está começando a ser abandonado em programas de noticiários.

Para o repórter, a técnica consiste na capacidade de repetir as perguntas originais para a câmera com a mesma naturalidade da entrevista, mesmo que o entrevistado provavelmente não esteja mais presente. Consulte o seu roteiro original ou repasse a entrevista para manter o máximo de fidelidade às perguntas. Alguns perfeccionistas gravam suas entrevistas em gravadores pessoais e as reproduzem antes de fazer as perguntas a serem inseridas. Embora seja aceitável corrigir eventuais erros gramaticais, cuidado para não trapacear, construindo a pergunta de uma maneira totalmente diferente.

Inserções

A inserção tem o mesmo objetivo do contraplano: é uma tomada do repórter fazendo um sinal afirmativo com a cabeça como uma reação à resposta do entrevistado. Esse recurso deve ser utilizado com moderação, pois pode dar a impressão enganosa de que você concorda com o que está sendo dito. Algumas empresas de comunicação proíbem totalmente as inserções e também os contraplanos, acreditando que o telespectador tem o direito de saber que houve uma edição. Ambos os recursos dependem de um posicionamento correto da câmera. Se estiver errado, a versão editada dará a impressão de que entrevistador e entrevistado estão olhando na mesma direção, e não um para o outro.

Edição da entrevista

Em países onde existe um certo grau de liberdade de imprensa, compreende-se que as entrevistas de televisão estejam sujeitas ao processo de edição, principalmente no caso de notícias e programas que fazem uso delas.

Esse tema, porém, continua sendo uma área de controvérsias, uma fonte contínua de conflitos potenciais — não tanto com aqueles que estão em evidência, mas com quem não está familiarizado com a prática jornalística. As queixas costumam ser de "deturpação" ou "distorção". Lamentavelmente, não há nenhuma resposta que satisfaça aos queixosos, embora deva ser possível provar que você agiu honestamente e de boa fé.

O importante é nunca se comprometer a incluir ou excluir uma determinada resposta ou passagem. Quaisquer que sejam suas boas intenções, talvez seja impossível manter a promessa, pois a decisão sobre a edição poderá estar nas mãos de hierarquias superiores. Em todo caso, antes de começar a entrevistar uma pessoa inexperiente, é aconselhável deixar claro que você não se compromete a utilizar tudo ou parte do que foi dito.

Capítulo 7
O REPÓRTER COMO PRODUTOR

CONSTRUINDO A MATÉRIA (1)
Regra: saiba o que está passando na câmera.

O maior teste de capacidade jornalística geral vem com a criação de "pacotes" combinando as habilidades básicas de reportagem com o conhecimento das técnicas de produção em televisão.

Os pacotes não têm forma nem duração, mas assim como a maneira de um repórter contar uma história, devem seguir um encadeamento nítido e lógico, prendendo o interesse do telespectador, qualquer que seja o assunto.

Às vezes, especialmente no começo, você poderá ter um colega para orientá-lo nas complicações editoriais. Geralmente, porém, estará sozinho. No passado, podia-se contar com o auxílio de uma experiente equipe de reportagem, mas com a redução das unidades para um tamanho tal que você também precisa operar alguns equipamentos, o conhecimento dos métodos de produção constitui um elemento essencial na formação profissional.

Para os objetivos deste exercício, suponha que a equipe é formada por três pessoas — repórter, operador de câmera e técnico de som.

Pesquisa

Já vimos que a pesquisa, embora limitada, é um pré-requisito para toda boa reportagem de televisão. Não precisa ser sofisticada, consistindo, basicamente, apenas em garantir que você e a equipe estejam juntos no lugar certo e na hora certa.

Depois é importante saber o tema da história. O tratamento e o grau de dificuldade envolvidos obviamente variam de acordo com o assunto. Com o devido planejamento, incluindo um tempo razoável para os preparativos, pode-se confirmar algumas informações antes de sair para campo; se houver outras informações de apoio — tais como nomes de possíveis entrevistados —, procure-as com ou sem câmera.

Planejando a forma

A não ser que sejam histórias com notícias imediatas que exigem uma abordagem intuitiva no local, a maioria das matérias de notícias se encaixa num quadro previsível. A variedade resulta da ordem, número e duração de cada ingrediente, portanto pode-se considerar a forma geral de uma matéria e fazer um planejamento provisório sem prejulgar sua importância editorial.

Reconhecendo o terreno

Sempre que possível, conduza pesquisas no local. Enquanto um reconhecimento completo é um dividendo extra — em documentários deveria ser obrigatório —, questões simples resolvidas com antecedência ajudarão a tornar mais ágil e eficiente a operação de câmera. Os jornalistas precisam ser flexíveis, mas se for possível evitar improvisos, tanto melhor.

Na pior das hipóteses, chegue ao local alguns minutos antes da equipe de reportagem para explorar o terreno, entrar em contato com pessoas que possam dar alguma contribuição, decidir sobre os lugares das entrevistas mais importantes e observar quais os requisitos necessários para as tomadas de apoio.

A teoria atual indica que matérias mais longas e minuciosamente pesquisadas também se prestam a um pré-*script*.

Qualquer que seja o assunto, a matéria deve ser bem construída a ponto de o público não notar as junções. Comentários narrativos (com a voz em *off*, isto é, sem que o repórter apareça na tela) devem ser bem inseridos num trecho da entrevista e depois devidamente finalizados; o *stand-up* deve se desenvolver de uma maneira uniforme — verbal, visual e acusticamente —, um tributo ao empenho, planejamento e profissionalismo necessários para a construção da matéria.

Saiba o que filmar

Equipes de reportagem raramente surgem no local de uma notícia, saltam do carro e registram tudo que vêem. Na maioria das vezes, a coleta da notícia é ordenada e organizada de um modo mais eficiente. Assim como não é bom ter poucas imagens, também não é desejável dispor de muita coisa — mais tarde, alguém terá de ver esse material. Garimpar uma hora de material gravado para escolher o que é relevante para uma reportagem de três minutos é inútil e desnecessário. O baixo custo do videoteipe e a possibilidade de reutilização tornam-se um convite ao exagero no tempo de filmagem, o que deve ser evitado. Na década de 60 e começo da de 70, os filmes de 16 mm vinham em rolos de 120 metros, e havia muita discussão sobre a razão metragem filmada/metragem transmitida e o custo envolvido.

Parceria editorial

Nesta altura já deve estar claro que uma reportagem bem construída resulta de uma relação satisfatória entre repórter e sua equipe de reportagem. Mas é preciso estar atento às limitações de equipamento e de tempo impostas pelas complicadas montagens de câmera. Saiba que as dificuldades técnicas podem frustrar os melhores planejamentos.

Com equipes experientes e dispostas a cooperar, basta expor em linhas gerais aquilo que você quer; mas não hesite em ser categórico e dirigir o trabalho para que suas idéias sejam devidamente seguidas.

Acompanhe a equipe

Todo repórter deve ter o hábito de acompanhar toda a equipe para tomar notas detalhadas sobre cada tomada ou seqüência. Quando isso não for possível, instrua devidamente seus colegas.

O objetivo é garantir que a narração em *off* faça o máximo uso das imagens disponíveis, e isso não pode ser feito sem que se saiba exatamente o que elas contêm. Com o equipamento de vídeo adequado, é possível ver no próprio local o material gravado. Escrever cegamente sobre a descrição de outra pessoa resulta invariavelmente em *scripts* insípidos e sem imaginação.

CONSTRUINDO A MATÉRIA (2)
As seqüências fazem sentido.

Conhecer os rudimentos de direção é um trunfo valioso para qualquer repórter. Mas nem sempre foi assim. Quando as matérias eram curtas e descomplicadas, isso raramente era necessário. Agora que algumas reportagens são quase minidocumentários, é preciso aprimorar a técnica. O treinamento formal, embora ainda seja insuficiente, está crescendo cada vez mais, e aqueles que ainda não começaram deveriam procurar aprender tudo que puderem com seus colegas da equipe de reportagem.

A gramática das imagens

Apesar de sua simplicidade de abordagem, a filmagem de notícias tenta se adaptar à gramática pictórica corrente. A compreensão que o público tem dessa técnica ampliou-se com o passar dos anos graças ao que aparece na grande e na pequena tela; mas as convenções não devem ser rompidas, a não ser que o objetivo seja facilitar o entendimento.

Particularmente, não espere contar sua história com eficiência utilizando um conjunto de tomadas isoladas e sem relação entre si. Pense sempre em seqüências que levem o telespectador progressivamente à ação: plano geral, plano médio, primeiro plano.

Composição da imagem

Poucas equipes profissionais de reportagem gostarão que você insista em olhar pelo visor antes de cada tomada. Mas isso não deve impedir seu olho jornalístico de estar atento ao ambiente que ajuda a contar a história, ou aos erros na composição da imagem que podem ter passado na pressa em obter a notícia. Procure não deixar que árvores, postes ou outros objetos pareçam brotar dos entrevistados enquanto eles falam. Enquanto a equipe está absorvida em seu trabalho, preste atenção nos espectadores que possam entrar furtivamente em cena ou em outras ocorrências de fundo.

Durante o *stand-up*, cuidado com o que está escrito nas paredes acima do ombro do entrevistado ou atrás de você. Poderá ser algo ofensivo ou impróprio. Não se arrisque mesmo que se trate de uma língua estrangeira. Ainda que você não entenda, alguém entenderá. Vale a mesma coisa para cartazes de rua e anúncios que podem distrair o telespectador durante a reportagem. A regra mais segura é: na dúvida, procure outra parede.

Som

A televisão é bidimensional. Junto com a imagem vai o som. Os sons "naturais" — "efeitos", neste contexto — geralmente são subutilizados pelos repórteres, que mal têm tempo de respirar, preferindo preencher cada segundo disponível com sua própria voz ou com a dos entrevistados.

Esteja atento a toda e qualquer oportunidade em que você possa fazer uso dos sons naturais da vida. Assim seu trabalho ganhará uma qualidade extra. Algumas histórias são mais bem contadas limitando-se a conversa e deixando que o som fale por si próprio.

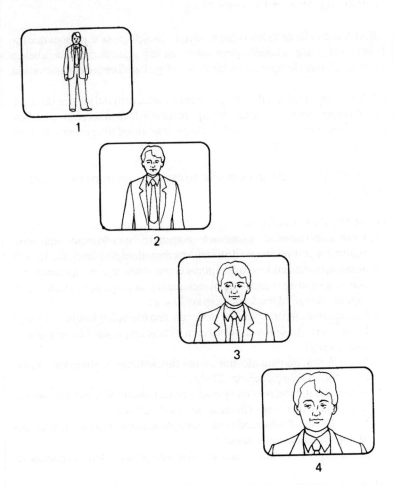

Tomadas básicas

Pense em termos de seqüência de imagens e não de tomadas isoladas. O plano geral (1) mostra toda a figura humana; o plano médio mostra da cintura para cima; o meio plano, do peito para cima; o *close-up* mostra a cabeça e os ombros.

Exemplo de matéria

HISTÓRIA: a instalação de um novo sistema informatizado para diminuir o fluxo do tráfego numa região bastante congestionada da Grã-Bretanha.

TÍTULO: TRÁFEGO INFORMATIZADO.

DURAÇÃO PROPOSTA: 3 min 30 seg.

TRATAMENTO: descubra o que motivou o projeto, veja as pessoas que trabalham nele e peça a opinião delas sobre sua importância; contraste a beleza e a tranqüilidade do lugar com o tema — tráfego barulhento e congestionado.

CONTEÚDO: tomadas do tráfego (se necessário, material recente do arquivo); o computador a ser instalado; equipamento de monitoração; o edifício e arredores; entrevistas com o chefe do projeto; *stand-up*; gráficos eletrônicos; comentário em *off*.

INTRODUÇÃO: pelo apresentador no estúdio, com mapa para mostrar a localização.

ORDEM DE CONTEÚDO:
1. Comentário em *off* acompanhando imagens recentes do arquivo que mostram o congestionamento do tráfego na área (duração planejada: 15 seg).
2. *Stand-up* nos arredores para explicar como uma antiga e imponente residência tornou-se o centro de planejamento da construção viária e controle de tráfego (duração planejada: 20 seg).
3. Narração em *off* para cobrir o exterior da casa (duração planejada: 25 seg).
4. Entrevista (uma única resposta) com o chefe do projeto (duração planejada: 30 seg).
5. Narração em *off* para mostrar outros funcionários confrontando informações (duração planejada: 20 seg).
6. Som natural enquanto os operadores de computador monitoram nas telas o fluxo do tráfego (duração planejada: 25 seg).
7. Narração em *off* mostrando em contraplano a operação do computador (duração planejada: 10 seg).
8. Segunda parte da entrevista com o chefe do projeto (duração planejada: 30 seg).
9. Narração resumida mostrando a parte restaurada da casa (duração planejada: 15 seg).
10. *Stand-up* final sobre uma ponte de onde se pode ver o tráfego (duração planejada: 25 seg).

SEQÜÊNCIA	DURAÇÃO	ACUMULADA	TEXTO
1	12 s	12 s	Os planejadores dizem que ninguém poderia ter previsto o crescimento do volume de tráfego nos últimos anos. Mas eles concordam que chegou a hora de adotar uma nova mentalidade na construção viária.
2	21 s	33 s	Aqui, no terreno de uma propriedade de 900 anos, a 3 quilômetros de uma das rodovias mais movimentadas da Grã-Bretanha, estão sendo planejadas as estradas para o futuro. O governo investiu mais de 15 milhões de libras num computador que calculará tendências futuras a partir do atual fluxo de tráfego. Espera-se que os congestionamentos tornem-se coisas do passado.
3	25 s	58 s	Na época da conquista dos normandos, a residência pertenceu a um barão local que caçava javalis em suas terras. Os únicos sons que ali se ouviam deviam ser o de risadas e de folguedos, enquanto os lordes e *ladies* da casa banqueteavam-se com carne assada de javali à sombra do esplêndido carvalho que ainda domina o jardim frontal. A ironia não se perdeu com John Smith, o responsável pelo projeto.

4	30 s	1 min 28 s	"Uma coisa temos de acertar..."
5	20 s	1 min 48 s	A instalação do computador ainda está em andamento; o projeto propriamente dito só começará depois de efetuados testes com os programas. Mas há indícios de que não faltarão informações para que os especialistas possam fazer seus diagnósticos. O volume de tráfego já aumentou em quase 1 por cento nas poucas semanas em que eles aqui se estabeleceram.
6	25 s	2 min 13 s	"Acho que deveríamos movimentar a câmera 4 para dar uma visão melhor daquela ponte, Brian. O que você acha...?"
7	10 s	2 min 23 s	Mas qual a garantia de que toda essa despesa e esforço resultarão em previsões mais precisas do que aquelas do passado?
8	30 s	2 min 53 s	"Bem, é claro que não podemos garantir nada. O que posso dizer é que..."
9	17 s	3 min 10 s	Em vista do fausto em que vivia o barão, não é difícil invejá-lo. Nem seus sucessores, que tentam encontrar uma solução sensata para um problema que a própria sociedade criou. Ninguém protestará contra o conforto que nos será dado se eles a encontrarem.

10	30 s	3 min 40 s	É difícil convencer o motorista cético que trafega nesses congestionamentos; no entanto, investe-se muito dinheiro em projetos como este. Ninguém alega que o prognóstico de tráfego é fácil: o preço da gasolina, a exigência de uma atmosfera despoluída e o volátil Oriente Médio aumentam a incerteza e afetam o número de carros na rua. Mas acredito que caçar javalis da sela de um cavalo não deve ter sido mais cansativo do que voltar do trabalho pela congestionada M-180.

EDIÇÃO DE IMAGENS
Diga ao editor de imagem o que você quer.

A responsabilidade pela edição das notícias pertence a editores de imagem treinados, mas nesta, como em outras áreas da televisão, as mudanças nas práticas de trabalho e o avanço da tecnologia levam ao desenvolvimento de várias habilidades.

Em empresas sem tradição de isolar talentos em compartimentos estanques, é possível encontrar operadores de câmera, técnicos de som e outros que também atuam como editores de imagem. Os repórteres igualmente são encorajados a aprender técnicas de edição como parte de seus conhecimentos gerais.

Edição de videoteipe

A revolução que introduziu o ENG no final da década de 70 também pôs fim à era do editor de filmes. Hoje, a matéria-prima para rodar a notícia é a fita — geralmente de 3/4 de polegada ou 1/2 polegada —, que na verdade nunca é "cortada". Em vez disso, as tomadas escolhidas dos materiais gravados são passadas de um aparelho para o outro, em seqüência, até que toda a reportagem seja montada. Se houve um engano e a tomada for muito longa, muito curta ou não ficar bem esteticamente — e, acima de tudo, jornalisticamente —, pode-se repetir o processo sem danificar o material original.

Um auxiliar adicional é o mostrador de tempo que durante a edição aparece na tela como um marcador de horas digital, permitindo uma medida bastante precisa da duração da tomada. Em alguns sistemas, você fornece ao computador os tempos exatos e a edição é feita automaticamente sem uma posterior intervenção humana. Não há nenhuma norma que diga que o programador tem de ser um editor de imagem treinado e não um jornalista.

Supervisão de edição

Atualmente, uma grande parte da edição ainda é feita por especialistas. Em muitas empresas o padrão é a supervisão editorial da edição de imagem ser realizada por produtores, assistentes de produção ou subeditores (produtores adjuntos), baseado na idéia de que aqueles mais intimamente envolvidos com a coleta da notícia não são os mais indicados para julgar seu valor. Em outros lugares, valoriza-se precisamente esse envolvimento, e o trabalho do repórter é retornar à base com o material e supervisionar a edição em primeira mão. Geralmente, não há outra pessoa para fazê-lo.

Como acontece com as equipes de reportagem, deve-se construir uma relação de confiança e respeito mútuo com os editores de imagem para que o produto final seja um reflexo satisfatório de aptidões distintas. Aqui o conhecimento detalhado do seu próprio material e do uso a que se destina é de extrema importância. Desentendimentos sobre o valor ou o sucesso do empenho da equipe de reportagem devem ser resolvidos amigavelmente, mas a responsabilidade geral pela versão final é sua.

O QUE APROVEITAR, O QUE DESPREZAR

Sempre que puder, veja as imagens.

Um repórter novato, pela primeira vez diante do trabalho de extrair dois ou três minutos de material aproveitável de uma montanha de imagens de videoteipe, inevitavelmente ficará desanimado. O que se deve aproveitar, o que rejeitar? E o tempo todo o editor pressionando, olhan-

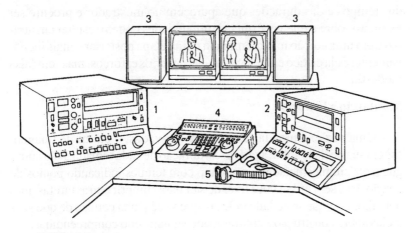

Edição de imagem
As suítes de edição de imagem são totalmente eletrônicas. A história é montada com a escolha de material gravado pela câmera — os *rushes* —, que é passado de um cassete para outro (2), em seqüência. O som é reproduzido através de alto-falantes conectados (3), e um *fader* (4) controla o volume e as *tracks* (trilhas). A narração pode ser gravada com um microfone labial (5).

do de modo contundente para o relógio, cujas horas se aproximam do fechamento.

Vendo as imagens

Numa primeira etapa, veja as imagens. Se o tempo corre contra você, impedindo um exame completo, e há mais de uma fita, use as anotações que fez no local como um caminho para chegar às seqüências mais importantes. Como rotina, as fitas devem ser identificadas na ordem de uso.

Veja o máximo de material que puder, de preferência na íntegra, e tente obter uma impressão geral. Não se apresse. Se precisar reavaliar uma tomada ou seqüência, peça ao editor de imagem para passá-la novamente. Compare tomadas e retomadas para verificar o que deu certo e o que não deu, e por quê. Se estiver em dúvida, pergunte. Compare detalhes de tomadas com as anotações originais. Se não estiverem combinando, da próxima vez seja mais preciso.

Se você não puder dar-se ao luxo de ver uma segunda vez, terá de fazer uma seleção provisória de tomadas no caminho. Faça um registro dos tempos e das durações que aparecem no mostrador e procure ser explícito sobre o que você quer. Ambigüidades podem resultar em atrasos e em uma edição mais demorada numa etapa posterior e mais inconveniente. Seja crítico em relação a seus próprios esforços, mas sem falsa modéstia.

Montando a história

Uma vez examinadas as imagens gravadas, o editor de imagem espera sua decisão sobre a ordem e a duração de cada tomada. Não entregue a ele simplesmente um rascunho com tempos indicando pontos de edição. Isso será útil se você tiver de sair para cumprir outras tarefas, mas o melhor é sentar-se ao lado dele até que você tenha certeza de que suas idéias sobre construção e continuidade tenham sido compreendidas.

Trechos de entrevistas (sonoras)

Não há nenhuma regra segura sobre trechos de entrevistas. Todas as empresas de comunicação têm seu próprio estilo baseado nos programas. De um modo geral, quanto mais "condensados" ou acelerados mais curto será o excerto. Portanto, as melhores diretrizes não vão além de três sugestões gerais:

- Evite editar as sonoras de forma muito condensada, a ponto de perderem a naturalidade.
- Faça com que sejam suficientemente longas para que o público as registre.
- Enquanto você se concentra nos fatos, utilize trechos de entrevistas para explicar interpretações ou opiniões.

SEU LUGAR NO PROGRAMA
Uma introdução ruim pode prejudicar toda a matéria.

É notável como algumas empresas mostram pouco interesse pelas etapas posteriores da cobertura de que encarregam o repórter. Não oferecem nenhuma supervisão ou orientação, e você acaba tendo de fazer seus próprios julgamentos sobre conteúdo e duração. O único apoio que poderá obter é o de colegas que concordam em dispor de alguns minutos de seu próprio tempo, sabendo que você retribuirá o favor quando chegar a hora.

Montando a história
Cuide para que a história reflita todo o seu trabalho de campo. Veja as imagens com o editor de imagem (1), comparando a duração de tomadas e seqüências com o tempo digital na imagem (2).

Os comentários de seus superiores, se houver algum, ficam reservados para depois que o material foi transmitido, tendendo a ser mais críticos do que lisonjeiros. A não ser que você pergunte diretamente, a única maneira de descobrir que o trabalho está sendo bem feito é ninguém dizer que está sendo malfeito.

Tal atitude não é necessariamente deliberada. De fato, é quase um elogio receber o crédito de tomar decisões sozinho. Geralmente, a razão é a pressão do tempo e a falta de pessoal. Editores de programas já têm muito o que fazer nas poucas horas que antecedem a transmissão diária, e ver antecipadamente sua matéria de três minutos é algo que podem muito bem dispensar.

A "cabeça"

Em empresas que não podem se dar ao luxo de ter produtores e redatores especializados, outra responsabilidade que recai sobre você provavelmente será a de escrever uma introdução para sua própria matéria: a cabeça. No mínimo, espera-se que você apresente algumas idéias sob a forma de anotações.

Seja como for, as palavras introdutórias devem atrair o interesse do público o bastante para que ele assista à reportagem a ser transmitida. Dê a elas a mesma atenção que ao resto do trabalho. Utilize gráficos, onde forem úteis. As introduções devem ter um caráter complementar, sem a inclusão de fatos e frases imediatamente repetidos no primeiro parágrafo da reportagem.

Uma maneira segura de evitar essa armadilha é escrever uma introdução de, digamos, três frases, descartar as duas primeiras para o apresentador utilizar como introdução e começar o comentário propriamente dito com a terceira. Trata-se de um procedimento bastante eficaz.

Notícia "musical"

Finalmente, o reconhecimento de um preconceito pessoal contra o uso de música de fundo em matérias que veiculam notícias — geralmente é um substituto cômodo para o som natural e o comentário em *off*, ou acompanhamento de "belas" imagens. Apenas revela a falta de habilidade e imaginação do repórter para encontrar as palavras certas e o som natural.

A música, a não ser que estritamente necessária, deve ser utilizada nos casos adequados, nos arquivos de jornais cinematográficos.

página	assunto	fonte	rep	tempo
031	tráfego por computador	CAM 1	JJ	0:22

Segunda 3 abril 16:12

John cam. 1 *close-up*_____ Começa a tomar forma um plano para libertar os motoristas britânicos de engarrafamentos nas estradas do futuro. O trabalho está sendo feito pela equipe encarregada do novo sistema computadorizado que está sendo instalado numa

Mapa_____ antiga casa em Berkshire, não muito longe da M-180. John Johnson tem alguns detalhes.

Encaixando-se no programa
As "cabeças" devem complementar a reportagem que o público está prestes a ver. O pacote "Tráfego por Computador" é antecedido por um *script* curto (1) que é lido pelo apresentador e por gráficos eletrônicos (2) para atrair o interesse. (Cortesia Quantel)

Capítulo 8
O RETORNO

NA RUA
Reserve um tempo para o que pode dar errado.

Em algumas ocasiões, você ficará surpreso ao descobrir que leva mais tempo planejar o retorno do seu material à base do que obtê-lo. Mesmo na Europa e nos Estados Unidos, onde as comunicações costumam ser excelentes, repórteres e equipes de reportagem geralmente se decepcionam com erros primários ou acidentes que resultam em demora e furos no prazo de fechamento.

Siga seu próprio ritmo

Sempre que possível, reserve tempo suficiente para que possa fazer o serviço do modo como deseja. Só você sabe quanto tempo leva para aprender a fazer um *stand-up* ou para escrever um comentário. Não deixe que a fome, o cansaço ou o medo de ofender a equipe de reportagem o convençam a apressar o trabalho ou a aceitar um desempenho que esteja abaixo do seu padrão. O almoço pode esperar — a história não.

Se você estiver trabalhando com uma equipe de câmera inexperiente ou que você não conhece, verifique as providências tomadas para obter seu material de volta. Um trabalho rápido nem sempre é complementado por uma boa organização. No final das contas, é a sua avaliação que será questionada, e de ninguém mais.

Os riscos da transmissão ao vivo

A flexibilidade da ENG, com sua capacidade de fornecer imagens ao vivo do local, acaba resultando em mais pressões sobre o repórter que espera passar a maior parte do tempo na elaboração de sua reportagem.

Quando ocorre a transmissão ao vivo, de algum modo você estará conectado com o programa, sendo responsabilidade da equipe de produção, do outro lado, mantê-lo informado e dar a deixa para que você comece. Mas não confie inteiramente nos outros. Algumas precauções simples serão úteis. Procure obter uma indicação precisa de quando você deve se apresentar — e esteja pronto bem antes. Não vá perambular em busca de uma informação mais recente, arriscando perder a hora. Será ridículo se a introdução do estúdio for seguida de um anticlímax com a imagem confusa ou vazia que você queria preencher.

Os riscos da transmissão ao vivo
Espectadores podem às vezes perturbar uma transmissão ao vivo. Aqui pelo menos a multidão não foi hostil. (Cortesia da BBC Central Stills)

Enfrentando os espectadores

Se possível, faça seu trabalho onde ninguém o interrompa. As atividades de transmissão sempre despertam a curiosidade das pessoas. Certamente haverá um ajuntamento de espectadores. Se você achar que isso pode criar problemas, tome providências com funcionários ou colegas para assegurar que não haja interrupção enquanto a reportagem estiver sendo transmitida.

Às vezes, a única solução é de fato dirigir-se aos espectadores mais barulhentos e atribuir-lhes a responsabilidade de manter os demais quietos!

COBERTURA INTERNACIONAL
Poucos eventos atraem o interesse internacional.

Embora alguns temas assumam uma dimensão verdadeiramente internacional — paz mundial, gasolina, crise econômica, catástrofes da escala de Chernobyl, o terremoto na Armênia e a fome na Etiópia —, os jornalistas de televisão estão interessados basicamente em eventos externos que tenham alguma relação direta com a vida do público a que servem.

Logo, a importância de uma matéria pode ser classificada tanto de acordo com seu contexto político, geográfico ou histórico quanto pelo evento em si mesmo.

Fontes

Apesar do sempre criticado regionalismo das notícias de televisão, a cobertura de assuntos internacionais continua sendo um ingrediente essencial. Para os grandes serviços de escala mundial, cujo público espera cobertura imediata em caso de acontecimentos importantes, geralmente aí está, de longe, a parte mais cara das operações de coleta da notícia; e cada notícia internacional inesperada e de real significância aumenta ainda mais os orçamentos já bastante inchados.

A televisão recebe notícias estrangeiras de várias fontes:

- Serviços locais oferecem cobertura de seus próprios eventos domésticos para fins de intercâmbio internacional, trocando material com outros países, em circuitos semipermanentes, várias vezes ao dia.

- Agências internacionais de notícias têm correspondentes designados para atuar nos centros internacionais mais importantes, fornecendo boa parte do material.

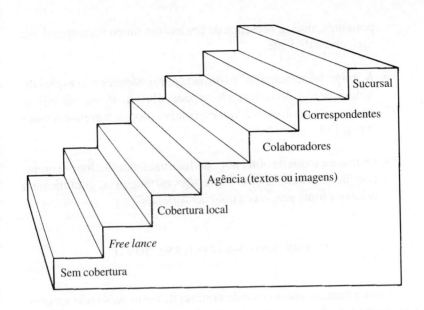

Etapas para a cobertura de notícias internacionais

As empresas jornalísticas classificam sua representação em outros países de acordo com a importância do lugar. A cobertura internacional é aproximadamente três vezes mais cara do que a produção de notícias domésticas; portanto, faz sentido, do ponto de vista jornalístico e econômico, dividir escritórios e instalações com emissoras estrangeiras.

- Jornalistas *free lances* ganham a vida trabalhando para várias emissoras, embora também possam receber uma taxa de seus melhores clientes como um meio de garantir o fornecimento de um serviço mínimo.

- Colaboradores que dão prioridade à empresa onde estão empregados também podem eventualmente fornecer material para outros. Essas duas categorias incluem algumas pessoas que não são jornalistas em tempo integral.

- Correspondentes internacionais (ver p.122) vivem em países cuja importância e fluxo de notícias justificam a despesa de ali manter um jornalista permanente.

- A sucursal internacional consiste em vários correspondentes e pessoal de apoio estabelecidos em centros particularmente importantes, onde a presença de apenas um único correspondente não seria suficiente.

- A "brigada de incêndio" é formada por repórteres não especializados que são enviados da base para cobrir histórias específicas ou para dar apoio a *free lances*, colaboradores, correspondentes (ver p.124.

- Outros métodos de obter notícias internacionais incluem a monitoração sistemática de transmissões estrangeiras, geralmente a primeira fonte precisa de notícias "oficiais".

O CORRESPONDENTE INTERNACIONAL
Por que é tão caro obter notícias internacionais.

Uma cobertura abrangente de notícias de outro país pode ser obtida com mais eficiência mantendo-se um jornalista — um correspondente internacional — no local. Geralmente esta é considerada a mais atraente das atribuições. Viver num país estrangeiro como representante de uma empresa jornalística traz prestígio social e profissional. Um correspondente que passa algum tempo no exterior estabelece contatos e fontes que asseguram o fluxo contínuo de grandes e pequenas notícias.

Em ditaduras ou regimes totalitários, correspondentes de empresas jornalísticas estrangeiras mal são tolerados, quanto mais bem-vindos. Seus movimentos, bem como aquilo que podem noticiar, são restringidos; transgressões são tratadas com advertências oficiais, expulsão, prisão e coisas piores.

A escolha de uma base

Em tempos de escassez financeira, poucas empresas de televisão podem dar-se ao luxo de ter mais do que alguns poucos jornalistas vivendo permanentemente no exterior, a não ser que o retorno compense. As áreas destacadas para esse tratamento especial devem oferecer um grande volume de material noticioso, comprovadamente ou em termos potenciais, além de transporte eficiente e outros elos de comunicação. Londres, Washington, Tóquio, Moscou e Paris provavelmente encabeçam a lista de capitais internacionais onde qualquer empresa jornalística de renome desejaria estar sempre devidamente representada; mas outros centros ganham e perdem evidência segundo as eventualidades políticas e econômicas e sua posição é constantemente revista.

Custos de um correspondente

O custo de manutenção de um correspondente, seja onde for, não se esgota com o salário e as necessidades profissionais. Há providências pessoais a serem feitas para acomodação, transporte, talvez educação dos filhos, e várias outras coisas que perfazem um razoável padrão de vida. Alguns correspondentes cobrem sozinhos diversos países, ou todo um continente, tendo de deixar a base temporariamente e se dirigir para onde desponta uma notícia.

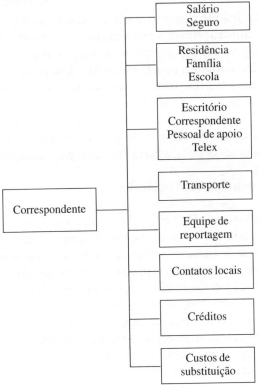

Custos de um correspondente internacional

Manter um correspondente permanente no exterior é o recurso mais caro para cobrir as notícias internacionais. Custos pessoais, de família, acomodação em escritório e funcionários, bem como de substituição do correspondente durante períodos de férias, tudo isso deve ser levado em conta.

O perigo de se tornar "nativo"

Mesmo os mais respeitados correspondentes não devem ficar mais de dois ou três anos num determinado país, pois acredita-se que o conhecimento que adquirem pode ser compensado pelo perigo de se "tornarem nativos". Para alguns, é difícil manter a objetividade a respeito dos cenários social e político com os quais ficam muito familiarizados e solidários; portanto, é melhor que se mudem para outro país e comecem tudo de novo.

A VEZ DA "BRIGADA DE INCÊNDIO"
Mantenha o seu passaporte em dia!

Inevitavelmente, entre as notícias internacionais que uma boa empresa jornalística precisa cobrir a cada ano, muitas referem-se a áreas não servidas pelo correspondente residente. Embora boa parte dessas notícias seja reportada a contento por *free lances*, colaboradores ou agências (ver p.121), o restante provavelmente exigirá uma abordagem especial que só pode ser oferecida por um jornalista da casa. Essa necessidade é resolvida despachando-se um repórter, geralmente da base. É então designado um membro da "brigada de incêndio", com ordens de providenciar uma cobertura abrangente no espaço de algumas horas.

Superando os primeiros obstáculos

Trabalhar no exterior, por mais curta que seja a tarefa, pode ser um pesadelo para o jornalista inexperiente ou incauto. Atuar numa sociedade aberta, cheia de pessoas prestativas, não é uma garantia de sucesso melhor do que operar onde o processo democrático não está desenvolvido e repórteres estrangeiros são vistos sob suspeita.

Qualquer recém-chegado a um país estrangeiro está em desvantagem; provavelmente o jornalista, como qualquer outra pessoa, será afetado pelo ambiente desconhecido, a língua, os costumes e as condições de vida, obstáculos que precisam ser superados antes de entrar em considerações profissionais.

Vacinação e passaporte

Os preparativos para incumbências internacionais devem ser feitos com muito mais cuidado do que no caso de reportagens domésticas.

Aqueles que podem ser enviados para o exterior repentinamente precisam estar em dia com a vacinação contra uma série de doenças; alguns países impedem a entrada de pessoas sem certificado médico atestando não serem portadoras de moléstias infecciosas.

Atenção para que passaporte e visto sejam válidos por tempo suficiente para cobrir a saída e o retorno. Fique alerta em relação a suscetibilidades políticas de funcionários contra os indesejáveis que trazem evidências de visitas a nações boicotadas ou não reconhecidas por seu país. Vale a pena ter cuidados especiais na África e no Oriente Médio. Viajantes experientes e prudentes se equipam com dois passaportes para evitar o constrangimento — ou coisa pior — de um carimbo revelador.

Jornalistas com dupla nacionalidade podem também reivindicar suas origens quando é desvantajoso ser portador de um determinado passaporte. Em 1982, quando o Reino Unido e a Argentina entraram em breve conflito pela soberania das ilhas Malvinas (Falkland), um número surpreendente de jornalistas que orgulhosamente se consideravam britânicos de repente descobriu antepassados distantes em Dublin ou Cork e foi prontamente admitido em Buenos Aires com passaporte irlandês.

Máquina de escrever (ou *notebook*)
Rádio de ondas curtas e pilhas
Gravador e pilhas
Roupas e sapatos adequados
Chapéu
Kit de costura
Material para limpeza de sapato
Pente, xampu etc.
Escova de dentes
Maquiagem/barbeador
Outros artigos de uso pessoal como
    óculos/lentes de contato sobressalentes,
    solução p/ limpeza
Antiácidos
Purgantes
Tabletes para purificar a água
Talco para os pés
Filtro solar
Dois passaportes

Equipamento contra incêndio

O equipamento básico para um repórter da "brigada de incêndio" pode incluir todos os itens acima ou alguns deles, dependendo da circunstância. Telefones portáteis (celulares) estão se tornando acessórios essenciais, e máquinas de escrever agora dão lugar a computadores *lap-top* ou *notebook*.

EM SOLO ESTRANGEIRO
Transforme os quartos de hotel em pequenos "estúdios".

Sob muitos aspectos ficou bem mais fácil atuar no exterior depois da introdução da ENG. Antes, um "bombeiro" que cobrisse uma história em outro país dependia inevitavelmente da boa vontade da estação de televisão local para o processamento do filme e a transmissão por terra, microondas ou satélite. A alternativa era despachar para a base o material não revelado e não editado. Demora e frustração eram comuns, especialmente em caso de grandes histórias, quando parecia que metade das equipes de reportagem do mundo inteiro precisava ao mesmo tempo das instalações de uma estação de televisão cujos recursos mal davam para cobrir seus próprios compromissos.

A equipe independente

Hoje em dia, a equipe designada para cobrir histórias importantes no exterior geralmente inclui um editor de imagem, que viaja com um equipamento de edição móvel completo para editar a matéria no local. Esta é a solução jornalística ideal, mas continua sendo uma opção viável apenas para as empresas capazes de bancar o custo de enviar a milhares de quilômetros da base toda uma equipe e mais equipamentos.

Montagem

Um editor de imagem experiente pode, em uma hora, transformar uma pequena sala numa suíte de edição que sirva de base para toda a operação. Com um cuidadoso rearranjo de cortinas e móveis, um quarto de hotel também pode servir de estúdio com o uso da câmera da equipe. Tudo isso ajuda a diminuir a pressão sobre o repórter, que passa a se concentrar na história em vez de se preocupar com a cooperação prometida de uma outra empresa de televisão.

A não ser que a equipe carregue consigo uma antena parabólica ou um transmissor para comunicações via satélite — um conversor de padrões móvel, por meio do qual se pode transmitir imagens para a base —, será necessário pedir a cooperação da estação de televisão local para enviar o material editado.

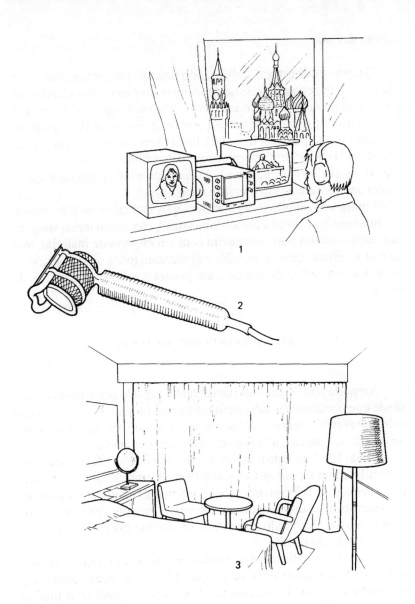

Em solo estrangeiro

Com um pouco de esforço, um simples quarto de hotel pode ser transformado numa imitação razoável de uma suíte de edição (1). As cortinas fechadas reduzirão o barulho. O editor de imagem usará fones de ouvido em vez de alto-falantes e você gravará seu comentário diretamente na trilha de som com um microfone labial (2). A mobília poderá ser rearranjada para criar um pequeno "efeito de estúdio" para entrevistas, utilizando a câmera de ENG.

A lição de casa

Quando você estiver trabalhando no exterior, nunca conte com nada como algo garantido. As questões mais simples e óbvias, se descuidadas, podem gerar catástrofes. Leve em consideração a diferença de fuso horário entre um país e outro. Lembre-se de que uma história rodada, digamos, no padrão PAL de 625 linhas é incompatível com as 525 linhas do sistema NTSC; e que não adianta começar cegamente um "épico" de cinco minutos, quando o departamento de jornalismo quer e espera um máximo de um minuto e meio.

Equipes de reportagem já perderam os fechamentos por confundirem a hora local com a hora "doméstica"; chegaram numa simpática estação de televisão estrangeira com um importante material, mas no padrão errado de transmissão; e envidaram todos os seus esforços numa longa matéria destinada a um programa de resumo de fim de semana.

SATÉLITES PARA COMUNICAÇÕES

Imagens que atravessam o planeta.

A reportagem de televisão talvez tenha passado por uma revolução desde que o videoteipe substituiu o filme como matéria-prima para a coleta de notícias: sem os satélites de comunicação para agilizar a transmissão desse material, tal revolução não seria completa.

Desde 1962, quando o Telstar foi lançado da Flórida, os jornalistas têm utilizado a tecnologia dos satélites. A criação da Organização Internacional de Telecomunicações por Satélite (Intelsat)[6] ocorreu dois anos depois, proporcionando um incentivo para um sistema que liga continentes e garantindo coberturas no mesmo dia praticamente de qualquer parte do mundo.

O primeiro satélite da série Intelsat era conhecido como *Early Bird* (Pássaro Madrugador), e "*birding*" tem sido o termo aceito para designar todo o processo de transmissão de notícias via satélite. A Intelsat, com sede em Washington DC, reúne mais de cem países, a maioria representada por suas organizações nacionais de telecomunicações.

---

6. Em inglês, International Telecommunications Satellite Organisation. (N. do T.)

Como funcionam os satélites

Os satélites de comunicações são lançados em órbita a cerca de 35 mil quilômetros acima da Terra, onde parecem ficar estacionários. Desta maneira, obtém-se uma cobertura global, com um satélite sobre cada um dos oceanos: Atlântico, Pacífico e Índico. Na realidade, há vários satélites sobre cada região para dar conta de um tráfego cada vez maior — especialmente na movimentada região do Atlântico — e compensar as panes.

Som e imagens são enviados de um continente para outro e de uma estação para outra, na Terra, via satélite, cuja função é amplificar e transmitir os sinais. A televisão utiliza apenas parte da capacidade disponível de comunicação: a última geração de satélites Intelsat suporta mais de 30 mil conversas telefônicas, bem como três canais de televisão.

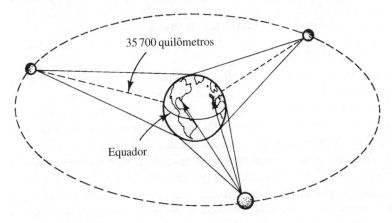

O sistema global de satélites
Os sinais de televisão são enviados para satélites em órbita ao redor da Terra a 35 700 quilômetros no espaço. Ali são recebidos, amplificados e transmitidos para o outro lado do planeta. A Intelsat (Organização Internacional de Telecomunicações por Satélite) opera satélites sobre os oceanos Atlântico, Índico e Pacífico, cobrindo praticamente o mundo inteiro.

No final da década de 80, a televisão começou a dar os primeiros passos na era da DBS (Transmissão Direta via Satélite).[7] Os satélites estão sendo construídos para ser operados por governos ou consórcios privados.

---

7. Em inglês, Direct Broadcasting by Satellite. (N. do T.)

A coleta de notícias via satélite

Tamanha é a necessidade de comunicação confiável que várias das empresas jornalísticas mais abastadas acharam conveniente investir em suas próprias estações terrestres móveis. Estas podem ser instaladas dentro de caminhões ou aeronaves para atender às demandas de notícias importantes em áreas remotas, oferecendo acesso imediato a imagens. Equipes auto-suficientes que colhem notícias com a utilização de satélites incluem repórter, equipe de câmera e editor de imagem, apoiados por pessoal técnico e recursos apropriados, o que trouxe flexibilidade à reportagem. O investimento é compensado em parte com a inclusão das estações terrestres comerciais na cadeia de transmissão.

COMO SOBREVIVER

Avalie os riscos de entrevistados "dissidentes".

Às vezes o jornalismo pode ser um negócio perigoso. Sempre há aqueles que desejam ocultar suas atividades e estão preparados para chegar a extremos no intuito de impedir qualquer tentativa de revelação. Eles não costumam se deixar levar por argumentos como verdade, justificativa ou interesse público ou nacional.

Alguns regimes superam esse problema simplesmente recusando abrir suas fronteiras para qualquer um que considerem "não-solidário". Nenhum repórter poderá fazer muita coisa a esse respeito, a menos que entre ilegalmente ou apresente-se como turista: as conseqüências de sua descoberta são óbvias. Outros países permitem a entrada de jornalistas estrangeiros, mas impõem uma rigorosa censura e outras condições que podem ou não fazer valer a pena estar lá.

Uma terceira categoria não impede que os jornalistas mostrem aquilo que quiserem — mas a seu próprio risco. Certas regiões da América Latina, África e Oriente Médio têm-se mostrado particularmente perigosas nos últimos anos, com guerras, agitações civis ou situações anárquicas que tornam a reportagem extremamente difícil. Mortes, ferimentos, raptos ou prisões já atingiram centenas de jornalistas.

A vulnerabilidade da televisão

Por atuarem sozinhos, jornalistas de televisão ficam em evidência e tornam-se especialmente vulneráveis em condições hostis. A simples presença de uma equipe de câmera num lugar potencialmente conturbado geralmente é suficiente para atrair uma atenção indesejável. Dependendo do grau de requinte daqueles que querem causar tumulto, o assédio pode variar entre algo leve (colocar a mão sobre a câmera ou cortar o fio entre o operador de câmera e o operador de som), sério (quebrar o equipamento) e muito grave (agressão física contra a equipe de reportagem).

Equipes de reportagem também são presas e expulsas sem motivos aparentes, e embora logo em seguida possam ser soltas e até receber desculpas, o dano — a remoção do local — já terá sido feito. A alternativa para a prisão geralmente é a exigência de devolução daquilo que foi filmado. Quando se está diante dessa situação em países democráticos, a resposta para a polícia deve ser a insistência no devido processo legal. Esta atitude não deve ser encorajada, no entanto, quando o pedido é acompanhado de uma arma.

Proteção para os jornalistas

O Instituto Internacional de Imprensa tem-se preocupado com a proteção a jornalistas desde que foi fundado, em 1951: outros organismos profissionais também tentam constituir uma frente unida contra os maus tratos de jornalistas no exercício de seu trabalho. Muitas empresas jornalísticas têm suas próprias diretrizes para orientar seu pessoal em áreas de risco.

A linha de comunicação da Cruz Vermelha

Desde 1985 a Divisão de Imprensa do Comitê Internacional da Cruz Vermelha, em Genebra, opera uma linha de comunicação de 24 horas para jornalistas capturados, presos ou detidos enquanto trabalhavam. A linha está disponível para familiares, editores e organizações profissionais de jornalistas em apuros. Endereço: 17, Avenue de la Paix, CH-1202, Genebra, Suíça. Telefone: (código de área 22) 34 60 01.

O CÓDIGO DE SOBREVIVÊNCIA DO JORNALISTA

- Você é mais importante do que a notícia. Nenhuma notícia vale a sua vida.
- Se for ameaçado, saia o mais rápido que puder.
- Se as autoridades não puderem garantir sua segurança, deixe o país.
- Nunca ande armado.

- Nunca aponte o dedo; pode ser confundido com uma arma.
- Procure conhecer o país, a região e as pessoas envolvidas.
- Conheça a língua o suficiente para se identificar e conversar com habitantes do local.
- Sempre carregue documentos de identificação.
- Se estiver numa área desconhecida, viaje com outros jornalistas que a conheçam bem.
- Conheça seus colegas em situações perigosas. Estranhos podem não ser o que parecem.
- Protestos contra maus tratos resultam em proteção. Resista aos maus tratos por parte de autoridades e sempre proteste contra tal comportamento, quer atinja a você ou outros profissionais. Mas não se torne agressivo.
- Evite riscos ignorados. Promessas vagas de boas informações geralmente partem de pessoas que não podem garantir sua segurança.
- Histórias em locais remotos, longe das autoridades e de assistência médica apresentam risco maior.
- Não se disfarce ou tente se fazer passar por outra pessoa. Isso levanta suspeitas e cria riscos para outros profissionais.
- Em nenhuma circunstância aceite recompensa de uma agência de informações não-jornalística ou governamental, ou preste qualquer tipo de serviço para ela. Um profissional deve manter um padrão de verdade apesar dos riscos e perigos. Algumas histórias valem maiores riscos do que outras.
- Evite ser tendencioso. Não cruze a linha que separa o jornalista do ativista.
- Pese os riscos e benefícios de uma notícia. Com freqüência, uma notícia também é boa quando coberta a distância.
- Faça uma distinção entre risco e perigo imediato. Evite o perigo óbvio e não se arrisque indevidamente. Discutir a situação com amigos e colegas pode ajudar.
- Se possível, evite fazer a reportagem de ambos os lados do conflito. Cruzar de um lado para o outro poderá ser perigoso.
- Sempre carregue uma bandeira branca.
- Seja sempre muito cauteloso e escolha motoristas ou guias locais competentes. A presença de espírito deles é uma proteção.
- Identifique seu carro claramente, na língua local, como "Imprensa".
- Se possível, utilize dois carros, no caso de um deles quebrar.

- Nunca lave seu carro. Alterações indesejadas podem ser detectadas mais facilmente num veículo sujo.
- Converse o máximo que puder com os habitantes do local, e ouça seus conselhos.
- Use roupas adequadas. Às vezes você preferirá misturar-se com a multidão; em outras ocasiões, obviamente não vai querer ser identificado com um certo grupo.
- Nunca use verde-oliva ou qualquer coisa que o faça parecido com um soldado.
- Avise seu departamento ou os editores e diga-lhes onde você está, para aonde se dirige e quando espera voltar.
- Avise também seus colegas no hotel.
- Quando estiver diante de pessoas hostis, identifique-se na língua delas e tente explicar o que você está fazendo.
- Se em casos de bloqueio de estradas, guerrilheiros lhe pedirem um "pedágio de guerra", dê-lhes algo. Não precisa ser muito, mas poderá evitar situações desagradáveis.
- Nunca atravesse uma barreira; nunca exiba mapas abertamente.
- Carregue um rádio de ondas curtas para acompanhar o desenrolar dos acontecimentos na BBC ou em outras emissoras confiáveis.
- Analise bem a sua missão, a melhor maneira de obter sua história. Por exemplo, você deve arriscar-se a ser atingido por um atirador de tocaia ou, antes, ser cauteloso?
- Esteja sempre atento à possibilidade de riscos. Questione.
- Em situações perigosas, tudo que você tem é sua inteligência e o conhecimento da área. Seu editor e a Convenção de Genebra normalmente não podem ajudá-lo.
- Certifique-se de que conhece o significado local de símbolos como bandeiras brancas, bandeiras vermelhas, assobios, gestos etc.
- Avalie suas características físicas. Não tente algo para o qual lhe faltará energia.
- Certifique-se de que seu empregador oferece algum seguro em caso de ferimento ou morte.
- Os editores sempre devem estar conscientes dos riscos que repórteres e fotógrafos estão correndo. Eles também são responsáveis e não devem forçar a situação além do que for sensato.

Reproduzido do livro *Journalists on Dangerous Assignments* [*Jornalistas em missões perigosas*], editado por Louis Falls Montgomery, International Press Institute, 1986.

Capítulo 9
O REPÓRTER COMO APRESENTADOR

O ÂNCORA

Sua maior ambição?

Não importa quão ilustres ou respeitados os repórteres possam parecer a seu público; sem dúvida, o fascínio e a fama associados ao jornalismo da televisão estão mais ligados àqueles que regularmente apresentam as notícias ou os programas noticiosos. Curioso é que o apresentador, ou âncora — seja lá qual for o título —, nem sempre é ou foi jornalista. Alguns têm sido contratados por causa da aparência ou da voz e não dão necessariamente nenhuma contribuição para o processo editorial. A liberdade que possuem para alterar os *scripts* — somente após a devida consulta — restringe-se a palavras ou frases que considerem difíceis de pronunciar.

O jornalista/apresentador

O surgimento do jornalista como apresentador coincidiu com novas demandas criadas pelas mudanças na tecnologia e pela introdução de programas com formas modernas. O talento jornalístico e o de apresentador tornaram-se inseparáveis. Agora, quando os executivos de comunicação procuram uma pessoa capaz de atender a essa dupla exigência, primeiro eles se voltam para os repórteres mais experientes, alguns dos quais já cansados de trabalhar na rua há tantos anos e preparados para trocar sua condição de viajante pela segurança do estúdio e a elevação ao *status* de estrela. Portanto, jornalistas/apresentadores são contratados não só pela aparência ou voz, mas também pela experiência, e conseqüentemente podem exigir salários bem mais altos do que os dos editores aos quais, teoricamente, estão subordinados.

134

O poder do apresentador

Em lugares onde não se estabelecem sucessões apropriadas de comando, não são raros os choques entre personalidades, geralmente em detrimento do programa. Algumas administrações acreditam que essa "tensão criativa" dá uma contribuição positiva para o jornalismo ativo. Outras empresas proíbem por longos períodos que os repórteres se tornem apresentadores, enquanto outras tentam evitar completamente o problema transformando o repórter/apresentador em editor, acrescentando ainda às decisões editoriais do dia-a-dia a responsabilidade executiva pelos orçamentos e a designação, contratação e demissão de pessoal. Esta atitude pode ser eficaz por um lado, mas logo que se aproxima a hora de transmissão e o diretor/apresentador tem de se tornar apenas o apresentador, começam a surgir as dificuldades, gerando enormes tensões numa única pessoa, qualquer que seja o seu talento.

Este problema provavelmente não se faz sentir no repórter iniciante, mas se você tem uma queda pela cadeira de apresentador, ofereça-se como voluntário para ler as notícias de fim de semana e veja se consegue se dar bem como substituto. Quem sabe o que virá pela frente?

NO ESTÚDIO
Encoraje outras pessoas a escreverem no "seu" estilo.

A perspectiva de atuar como âncora num noticiário, sob o brilho das luzes de um estúdio de televisão, é suficiente para deixar qualquer um apreensivo.

Embora possam nunca admitir, mesmo os mais experientes apresentadores de notícias sentem por vezes um "friozinho no estômago" antes de um programa. Em reportagens locais, há a possibilidade de uma segunda tomada para salvar as aparências; no estúdio não há prorrogação. A inflexão errada, a leve hesitação ou o tropeço numa palavra, um olhar oblíquo ou o espasmo de um músculo facial já é matéria para comentário e discussão.

Crescendo sob pressão

Colocar-se no centro de um emocionante programa ao vivo pode ser exatamente o papel certo se você for um desses que progridem sob pressão e responsabilidade.

Considere também que poderá ser uma ocupação solitária. Talvez tenha de operar tudo sozinho num pequeno estúdio afastado, equipado apenas com uma câmera de controle remoto e luzes que você mesmo aciona numa transmissão para um público invisível. Apresentações pomposas em estúdios maiores podem não oferecer muito mais em termos de companhia. Você provavelmente terá de ler o *script* num tele-*prompter* acionado por computador e fixado em câmeras-robôs, introduzir uma série de imagens gravadas, reproduzidas noutra parte do prédio, e ouvir a voz desencarnada do diretor de estúdio gritando em seu ouvido. O contato humano mais próximo é o do assistente de direção, que fica fora do alcance da câmera.

Em suas próprias palavras...

O que você pode achar mais difícil é a idéia de que está lendo algo escrito por outra pessoa. É mais do que provável que não ficará contente com o estilo ou com as frases. Tudo depende da autoridade de quem lê — seja para alterar o material escrito pelos outros ou escrever o seu próprio. Mesmo que quisesse, é improvável que você fosse capaz de escrever todo um programa de meia hora. A concessão que muitos programas fazem a seus jornalistas/apresentadores é permitir que escrevam as manchetes, se houver alguma, ou talvez a matéria de abertura.

...e na dos outros

No mínimo, você terá a oportunidade de ver cada *script* antes de ser finalizado, de modo que possa injetar nele algum estilo pessoal. O truque é encorajar os outros a escrever no "seu" estilo desde o começo ou, se isso não for possível, fazer alterações de um jeito que mantenha a precisão e permita ao redator original conservar o orgulho profissional. Queixas de que você arruinou os *scripts* fazendo alterações sem consulta não elevarão sua reputação com o resto da equipe.

A POSTURA PERFEITA
Sente em posição ereta e não fique curvado!

Um dos defeitos mais comuns daqueles que enfrentam um estúdio de televisão é a postura errada. Alguns apresentadores se curvam para trás na cadeira; outros — incapazes de se sentarem direito — projetam

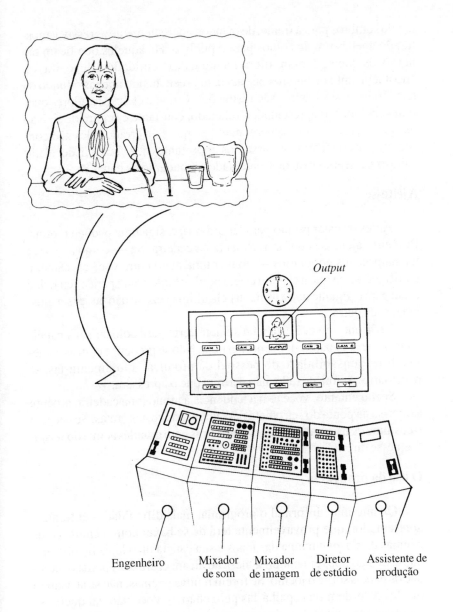

No estúdio

O estúdio de televisão pode ser um lugar solitário. As intruções para o apresentador são transmitidas de uma sala de controle localizada provavelmente a certa distância dali. O diretor de estúdio (1) está encarregado da equipe de produção, que pode incluir um assistente de produção (2), técnicos responsáveis pela imagem (3) e som (4) e um engenheiro-chefe.

um dos ombros para a frente, de maneira aparentemente agressiva, mostrando apenas um dos olhos para o público. Há aqueles que ficam tão nervosos que se sentam literalmente na extremidade da cadeira, ou encolhem tanto os ombros que acabam preenchendo apenas o fundo da tela. Todos esses hábitos são distrações. O que os telespectadores querem ver é você, o apresentador, relaxado, confiante e seguro de si. Não os deixe perder tempo se perguntando o que está errado. Eles não conseguirão se concentrar nos assuntos importantes que você tem de relatar e mostrar; ficarão irritados, entediados e mudarão de canal.

Ajeite-se

Antes de estar pronto para ler um *script*, siga uma pequena rotina. Primeiro, ajeite-se confortavelmente na cadeira. Se — como acontece na maioria dos noticiários — houver uma mesa entre você e a câmera, certifique-se de que a cadeira esteja na altura adequada para o seu físico e não para o gigante que a utilizou pela última vez. Se não puder ser ajustada, peça outra.

Verifique se você está na distância certa para colocar seus papéis sobre a mesa e apanhá-los sem se esticar. Não se preocupe com as câmeras. É responsabilidade do pessoal da produção movimentá-las, se necessário. Acima de tudo, não permita que o apressem.

Se, no entanto, você tem a tendência a afundar na cadeira, procure sentar-se na ponta do seu paletó para manter as costas eretas. Se não tem o costume de usar paletó, escreva em letras bem grandes acima do *script*: "sente-se direito".

O uso da prancheta

Quanto mais informal o programa, mais dificuldades enfrenta o apresentador, que provavelmente terá de se haver com o chumaço de páginas de *script* em uma das mãos e sua caneta ou o lápis favorito em outra. Se não houver nenhuma mesa ao alcance, cruze as pernas e coloque os papéis sobre o joelho. Se forem muitas páginas, não se arrisque a tirá-las da ordem ou espalhá-las pelo chão — você não vai querer se enroscar nos cabos das câmeras momentos antes de uma entrevista importante.

A melhor dica é manter as folhas numa prancheta, virando-as com a mão que segura a caneta. As folhas poderão ser descartadas durante o programa, sem que isso seja focalizado.

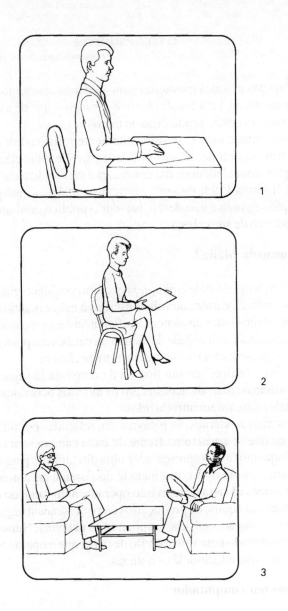

Formalidade e informalidade
A postura é importante: tente sentar na ponta do paletó para manter as costas eretas (1). Se não houver mesa, você terá de equilibrar o *script* sobre o joelho, mas poderá ser difícil sentar-se com elegância (2). Cenários informais possuem poltronas e mesinhas de centro (3).

O TELE-*PROMPTER*

*O tele-*prompter *é uma ferramenta útil...*

Uma das grandes inovações para ajudar os apresentadores a aperfeiçoar sua técnica em estúdio é o tele-*prompter*, que dá a impressão de que as palavras estão sendo ditas de memória. Esse recurso tornou-se suficientemente sofisticado e discreto para que outros encontrassem uma utilidade para ele, pois acrescentam um toque profissional além de dar confiança e credibilidade a todas as formas de discurso. O tele-*prompter* tornou-se vital para qualquer apresentador que se preza e não deseja brindar o público com uma constante visão do topo de sua cabeça.

A evolução da "dália"

O *hardware* dos tele-*prompters* evoluiu consideravelmente desde o uso das "dálias", cartões ou folhas escritas à mão e mantidas logo abaixo ou de um dos lados da câmera. A eficiência desse método simples era prejudicada pela dificuldade de manter os cartões em posição tal que os olhos do apresentador não se desviassem da câmera.

Embora "dálias" de um tipo ou de outro ainda sejam utilizadas, novos sistemas, mais de acordo com os avanços ocorridos no jornalismo de televisão, foram introduzidos.

Nos mais modernos, as palavras são refletidas por um dispositivo especular que se encaixa na frente de cada câmera sem obscurecer a lente. Enquanto fala, o apresentador olha diretamente para ele — e portanto para o público. A outra metade do sistema geralmente consiste numa pequena câmera de televisão operada, num canto do estúdio, por um membro da equipe de produção. A câmera escaneia página por página o *script* colocado sob ela, ampliando as palavras. Numa variante, o *script* é redigido num rolo estreito de papel que o operador vai soltando à medida que o locutor lê as notícias.

Conexões por computador

Os modelos mais modernos, suficientemente portáteis para uso em campo, começaram a se tornar comuns em meados da década de 80 e podem ser conectados ao sistema de computadores da sala de redação. Assim, os *scripts* ali redigidos são gerados eletronicamente, aparecendo na frente do apresentador com o toque de um botão. A vantagem é que as

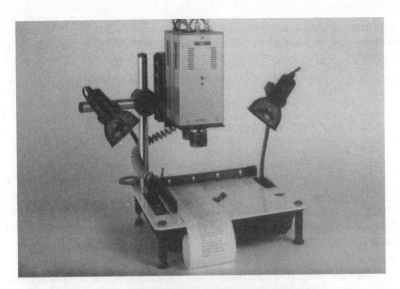

O tele-*prompter*

Tele-*prompters* eletrônicos permitem que o apresentador olhe diretamente para o público enquanto lê a notícia. Neste sistema, uma pequena câmera de televisão escaneia o *script* numa velocidade regulada manualmente, por controle remoto ou por pedal. O *drive* aceita qualquer largura de papel, desde um rolo de 8 cm para *prompter* até uma folha de 24 cm para computador (1). As palavras do *script* são exibidas numa unidade acoplada à câmera, mas que não obscurece a lente (2). (Cortesia da Broadcast Developments Ltd, Autoscript).

histórias podem ser reescritas ou atualizadas de imediato. Teoricamente, portanto, os apresentadores de estúdio podem ler direto das telas de seus *prompters*, mas a maioria prefere a segurança de ter *scripts* no papel no caso de subitamente algo dar errado com a parte eletrônica.

TÉCNICAS DE TELE-*PROMPTER*
... mas não se deixe dominar por ele!

Utilizar com eficiência qualquer tele-*prompter* de estúdio não é simplesmente uma questão de encarar a câmera certa com os olhos vidrados e ler o que aparece na tela. Alguns novatos mais nervosos tendem a considerar o tele-*prompter* como um salva-vidas sem o qual não ousam ficar, esquecendo-se de que se trata apenas de mais uma ferramenta.

A maior parte dos aparelhos mostra apenas cerca de uma dezena de linhas por vez. Uma pequena seta no canto esquerdo geralmente aponta para a segunda linha — a de cima acabou de ser lida e está prestes a desaparecer do alto da tela; as de baixo estão subindo. Em alguns sistemas mais sofisticados, a medida da velocidade de leitura do apresentador é programada num computador, de forma que as palavras apareçam automaticamente num ritmo uniforme. É mais comum o operador seguir o apresentador, aumentando ou diminuindo a velocidade do movimento, conforme a necessidade.

Evite o olhar evasivo

Onde o *script* foi redigitado, a largura do papel restringe o número de palavras por linha a não mais que seis ou sete. O objetivo é uma leitura sem movimentos perceptíveis dos olhos ou da cabeça. Tente ler as palavras do centro da tela e não de lado a lado. Às vezes, durante uma prolongada sessão na frente da câmera, movimente-se um pouco para você não se parecer com um robô.

A técnica de olhar às vezes para baixo e consultar o *script*. Embora os telespectadores estejam conscientes de que nenhum apresentador pode decorar tudo, às vezes precisam ser tranqüilizados de que alguns fatos — cifras, especialmente — de algum modo não estão saindo do nada. Portanto, o truque é olhar para baixo como se estivesse refrescando a memória e depois levantar os olhos e continuar a leitura.

O tele-*prompter* eletrônico
(1) O que o apresentador vê (Cortesia da EDX Portaprompt). (2) Sistemas de *prompters* conectados aos computadores da sala de redação permitem mudanças no *script* e atualizações sem que os redatores tenham de se deslocar até o estúdio. (Cortesia Autocue)

Mantenha a atenção

A parte difícil é não se perder no tele-*prompter*. Isso não é tão fácil quanto parece, pois a prática em algumas empresas é digitar apenas aqueles trechos do *script* que serão lidos diante da câmera. O resto consiste em palavras para serem lidas a partir do que você vê, por exemplo, atrás das imagens. Numa noite bem movimentada com mudanças de última hora feitas no *script*, é muito fácil as coisas darem errado.

Finalmente, uma solução simples para aqueles que não conseguem ler confortavelmente o tele-*prompter* sem ter de se inclinar para a frente — arranje um par de óculos.

PONTO ELETRÔNICO
Um fone de ouvido sob medida ficará melhor.

Um outro aspecto da arte de se apresentar em estúdio é ouvir o que ocorre na sala de controle. O "talkback" proporciona-lhe um contato direto com o diretor ou editor, permitindo que receba facilmente instruções antes ou durante qualquer matéria do programa. A utilização do telefone dá um ar muito teatral.

Hoje, quase todo apresentador de estúdio possui um pequeno e confortável fone de ouvido pessoal que funciona como um auxiliar de escuta. A outra extremidade se encaixa num cabo conectado a uma tomada elétrica atrás da mesa.

A princípio, você pode achar impossível usar esse aparelho: é como aquela brincadeira infantil de tentar bater na cabeça e esfregar a barriga ao mesmo tempo. É preciso prática para se concentrar na sua própria fala enquanto pessoas numa outra sala falam agitadas no seu ouvido, geralmente sobre questões que rigorosamente não lhe dizem respeito.

Por outro lado, é um meio de comunicação extremamente útil. Por exemplo, muitos apresentadores gostam de ser avisados da entrada e saída das inserções, contando para tanto com a voz do assistente de produção; e vários têm motivos para serem gratos a esse mecanismo que permite ao produtor astuto, na sala de controle, sussurrar a linha de questionamento a ser seguida durante a entrevista.

Em inglês o "ponto eletrônico" é chamado de "talkback". Embora essa palavra indique um processo bidirecional, a única maneira de dar o retorno de voz para a sala de controle é utilizando o microfone de mesa. Ao fazê-lo, verifique primeiro se este não está "aberto", ou seja, no ar.

O assistente de estúdio

Você pode, se preferir, evitar as distrações do ponto desligando-o durante a transmissão e confiando no assistente de estúdio, que está em contato com a sala de controle por meio de um fone de ouvido e de um microfone.

O assistente de estúdio fica fora do alcance da câmera, mas suficientemente próximo para poder retransmitir as instruções do diretor de estúdio com sinais manuais. Em muitos casos, estes consistem em nada mais do que uma série de movimentos com os dedos para indicar o tempo restante de uma inserção. Em outras situações, o assistente de estúdio tem um papel essencial no andamento das entrevistas ao vivo ou de outras matérias que precisam ser restritas à duração planejada: ele pode fazer uso de gestos circulares e de "degola" quando o tempo se expira.

O assistente de estúdio
O assistente de estúdio atua como um elo entre a sala de controle e o apresentador no estúdio. (Cortesia BBC Central Stills)

PARCERIA ENTRE APRESENTADORES
Uma parceria muito íntima parecerá falsa.

Em noticiários, a preferência por um, dois ou três apresentadores é influenciada tanto pela moda quanto pelas necessidades jornalísticas. Programas que estão no ar há muito tempo costumam promover mudanças como parte de uma aceitável e periódica revisão de forma ou estilo; e a decisão de, digamos, passar de uma apresentação solo para uma dupla — ou vice-versa — é tratada como um elemento de recomposição ou relançamento que, provavelmente, inclui a introdução de novos cenários, títulos e gráficos.

Às vezes, vai além do superficial: uma apresentação múltipla pode ser motivada pela necessidade de os âncoras focalizarem diferentes centros, de introduzir ritmo e variedade ou de aliviar as pressões sobre um único jornalista, que enfrenta programas mais longos e tecnicamente complicados.

Atraindo o público

Duplas de homem e mulher são bem aceitas pelo público. Outras combinações destinadas a ampliar a base de audiência incluem equipes heterogêneas em termos de idade ou raça.

Divisão de trabalho

No caso de haver mais de um apresentador, o objetivo geralmente é dividir o trabalho mais ou menos igualmente (alguns insistem numa cota mínima de tempo no ar estabelecida no contrato). Como apresentador substituto ou iniciante, você provavelmente não estará em posição de fazer esse tipo de exigência; mas desde o início vale a pena esclarecer a extensão de sua contribuição: conduzir entrevistas durante o programa ou ler segmentos alternados, *scripts* ou narrações em *off*. Esta é uma precaução sensata, pois há exemplos de apresentadores novatos colocados em posição de desvantagem por seus colegas mais famosos, que se sentem ameaçados e tentam influenciar a direção do programa para dividir a leitura de modo tal que lhes dê as notícias de maior impacto e as entrevistas políticas, deixando para você as matérias leves.

Formalidade e informalidade

Os jornalistas nunca param de discutir sobre o grau de informalidade que deve existir, no ar, entre os apresentadores. É claro que isso depen-

Em parceria
A apresentação em equipe exige que o público acredite que duas pessoas dividem o mesmo estúdio, mesmo que sejam vistas juntas por alguns instantes somente na abertura e encerramento do programa. Para tanto, é essencial conservar o interesse quando não é a sua vez. Quando seu parceiro termina uma matéria, a câmera deverá encontrá-lo olhando na direção dele ou dela. Girar a cabeça na direção do público aumentará a impressão de que os dois estão atuando juntos.

de de muitas coisas, entre as quais o horário em que o programa está sendo transmitido. O estilo do noticiário matutino tende a ser mais despojado, a formalidade parecendo aumentar à medida que avança o dia. Na minha opinião, os apresentadores devem transmitir ao público uma impressão amistosa, decidida, competente, sem cair na jocosidade e na ação paralela, que quase sempre é vista como algo ensaiado. Se o encorajarem a ser informal, cuidado para não parecer insensível e inoportuno em situações delicadas. O final de um programa recheado de mortes e catástrofes não é hora para gracejos entre apresentadores.

ENTREVISTA NO ESTÚDIO (1)

Jogue limpo com o seu entrevistado.

O surgimento do jornalista/apresentador ou âncora ampliou a função para além da leitura pura e simples diante da câmera. Entrevistas ao vivo, no estúdio, em programas de notícias, não são mais novidade; e qualquer um que deseje uma atuação permanente nessa área precisa aprender a desenvolver a técnica.

A diferença entre uma entrevista no local e outra em estúdio é mais do que uma diferença entre transmissão ao vivo e gravação editada. Transferida para o domínio do estúdio, quase toda entrevista parece assumir uma natureza de confronto, criada em parte pela parafernália técnica de câmeras e luzes, que emprestam um ar de irrealidade aos procedimentos.

O teste do entrevistador

A capacidade de conduzir uma entrevista ao vivo é testada ao máximo pela necessidade de:

- fazer a entrevista fluir;
- extrair o melhor que puder do entrevistado, como um dever diante do público;
- evitar erros gramaticais ou editoriais que não possam ser corrigidos;
- cobrir todo o assunto antes de o tempo esgotar-se.

Essa tarefa raramente é facilitada pelo entrevistado. Políticos astutos, especialistas em fazer rodeios, têm a capacidade de triturar seus entrevistadores se estiverem dispostos a isso.

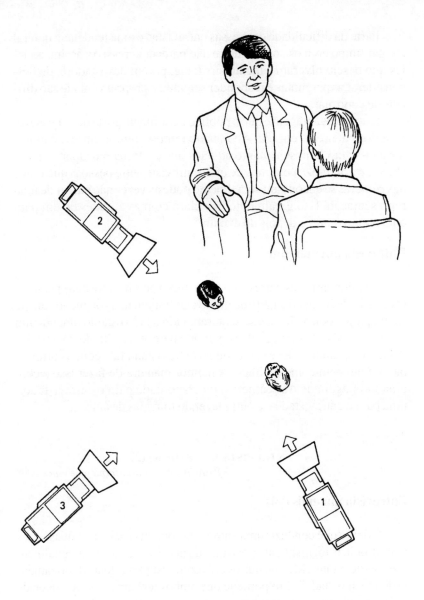

Entrevista um mais um
Uma montagem com três câmeras. A câmera 1 está apontada para o entrevistador, a câmera 2, para você e a câmera 3 cobre ambos os participantes.

Parte da dificuldade com essas entrevistas é uma tendência natural a jogar limpo com os convidados e não parecer agressivo; assim, aqueles que desenvolveram a técnica irritante, porém devastadora, de desconsiderar as perguntas e responder segundo a própria vontade são difíceis de controlar. Outra desvantagem é que o público geralmente gosta de ver o entrevistador bater em retirada. Ao mesmo tempo, muitos entrevistadores tornam-se tão famosos quanto aqueles que costumam ocupar as manchetes, e a natureza polêmica de uma entrevista entre pessoas que longe das câmeras se encontram socialmente pode às vezes não passar de uma representação. Isso geralmente fica claro com as atitudes de um para com o outro antes e depois do evento.

Entrevista um mais um

A maior parte das entrevistas em estúdio ocorre entre duas pessoas. O cenário deve ser arranjado de modo que fiquem mais ou menos um de frente para o outro. Se eles se sentarem lado a lado estarão olhando um na direção do outro em perfil, e o publico parecerá excluído. O posicionamento da câmera deve ser tal que o entrevistado fale com o entrevistador e também com o público. A melhor maneira de fazer isso é com uma montagem de três câmeras: uma apontada para o entrevistador, uma para o entrevistado e a outra fazendo tomadas de ambos.

ENTREVISTA NO ESTÚDIO (2)

Participe: não se transforme num espectador.

Entrevista um mais dois

É óbvio que conduzir uma entrevista com duas pessoas é duas vezes mais difícil, principalmente por causa da necessidade de tratar igualmente os participantes. Mesmo que os dois entrevistados estejam teoricamente do mesmo "lado", é importante que ambos tenham a oportunidade de falar, seja para se fazer uma boa entrevista, seja pelo equilíbrio.

Nem sempre basta fazer a mesma pergunta a cada um deles, um por vez: isto pode tornar a entrevista muito lenta e previsível. A habilidade do entrevistador consiste em ser capaz de apanhar uma resposta e usá-la para sutilmente fazer avançar o assunto; assim, no fim do tempo previsto, ele terá coberto boa parte do tema e todos puderam falar.

Firmeza é importante

Quando os participantes têm opiniões fortemente opostas, não se deve deixar a entrevista tornar-se uma sucessão de afirmações e contra-argumentos. Resista à tentação de deliberadamente atear o fogo e recuar para apreciar o incêndio. Embora uma boa rusga entre os participantes possa produzir uma atração espetacular, provavelmente acaba descambando para a infantilidade, que logo se torna maçante. É bem melhor manter as coisas sob controle desde o início. Ter firmeza é essencial, caso contrário você praticamente se transformará num espectador, enquanto a "bola" é lançada de um lado para o outro. Faça valer sua autoridade com o máximo de polidez, certificando-se de não dar a impressão de que favorece este ou aquele argumento.

Montar o estúdio para uma entrevista um mais dois talvez seja menos problemático do que parece. Se houver três câmeras disponíveis, uma poderá cobrir ambos os participantes em tomadas únicas, no caso de eles se sentarem um de frente para o outro, e você entre os dois. É importante que cada um tenha um microfone separado.

Um mais dois
Uma combinação incomum: um entrevistador e dois entrevistados. O programa Sky News, lançado em fevereiro de 1989, convidava políticos com opiniões opostas — na foto, Norman Tebbit (Partido Conservador) e Austin Mitchell (Partido Trabalhista). (Cortesia Sky News)

151

Entrevista um mais vários

É discutível o valor editorial de entrevistas com mais de dois participantes num noticiário de duração limitada. Neste caso, parece nunca haver tempo suficiente para se ouvir adequadamente cada entrevistado. Do ponto de vista da produção, essas entrevistas podem ser difícies, a não ser que seja montado um cenário adequado para acomodar um grande número de pessoas.

Nas raras ocasiões em que estiver às voltas com esse tipo de entrevista, reserve algum tempo da sua pesquisa para orientar a distribuição dos lugares. Sem os devidos preparos, a equipe de produção será incapaz de dirigir as câmeras e os microfones para as pessoas que estiverem falando.

O que fazer em entrevistas ao vivo

- Conheça o assunto a ser tratado. Não há maneira melhor de obter respeito e interesse por parte do entrevistado.
- Prepare as perguntas antecipadamente.
- Ouça as respostas e esteja pronto para fazer perguntas adicionais.
- Para interromper, espere que o entrevistado faça uma pausa para tomar fôlego ou aproveite uma parada natural no fluxo da fala.
- Durante a discussão, não deixe o entrevistado sair do assunto.
- Se você não consegue obter respostas para suas perguntas, seja persistente. Mas saiba quando já é o suficiente.
- Não se deixe subjugar por um entrevistado famoso ou poderoso.
- Encoraje os nervosos. Se um entrevistado evita olhar nos seus olhos, faça uma pergunta direta para atrair mais atenção.
- Dê tempo para o entrevistado pensar: o silêncio pode ser revelador.
- Controle suas expressões faciais. Levantar as sobrancelhas ou fazer um gesto afirmativo com a cabeça pode ser interpretado como um comentário.
- Lembre-se de que seu trabalho é fazer perguntas, e não participar de um debate.
- Evite colocar palavras na boca dos outros: "O que eu acho que o senhor está querendo dizer, sr. Bloggs, é..."
- Não se esqueça de quem você está entrevistando. Sob pressão, é natural "dar branco". Escreva no *script* o nome e o título da pessoa.
- Ouça o ponto da sala de controle.
- Procure manter o ritmo para que a entrevista termine naturalmente.
- Atenha-se ao tempo que lhe foi dado. Terminar mais cedo ou mais tarde do que o planejado perturbará o equilíbrio do programa.

- Lembre-se de que você tem o privilégio de poder fazer as perguntas que uma pessoa comum faria, se tivesse a oportunidade. Você está representando o público, ninguém mais.

O que não fazer em entrevistas ao vivo

- Não pressuponha que o público tenha qualquer conhecimento especializado que você possa ter.
- Não se prenda rigidamente às perguntas preparadas, desconsiderando as respostas.
- Não faça afirmações. O entrevistado poderá não saber quando tem de responder.
- Não faça afirmações pessoais sob a forma de perguntas. Você não está participando de um debate.
- Não se dirija aos entrevistados pelo primeiro nome: pode soar condescendente.
- Não fale ao mesmo tempo que seu convidado.
- Não brigue nem perca a calma quando provocado.
- Não se deixe intimidar por um entrevistado arrogante.
- Não intimide nem seja prepotente com um entrevistado humilde ou que não sabe se expressar bem.
- Não seja complacente com o entrevistado só porque você tem afinidades com ele.
- Não faça imediatamente uma outra pergunta se o entrevistado hesita: espere alguns segundos para que ele se recupere.
- Não interponha a sua opinião. Ninguém está interessado nela.
- Não diga "entendo", "sim" ou frases que mal se podem ouvir. Poderá habituar-se.
- Não faça perguntas dirigidas: "...então eu acho que você viu o carro de bombeiro dobrar a esquina a cem quilômetros por hora..."
- Não entre em pequenas intimidades ou conluios com o entrevistado, excluindo o público. "Eu e você nos lembramos do que aconteceu naquele jantar maravilhoso em Paris... mas é melhor não falar sobre isso, ha'ha".
- Não ignore os sinais do assistente de estúdio. A função dele é ajudá-lo.
- Não corte a palavra do entrevistado com um brusco "Desculpe, o tempo se esgotou".
- Não se esqueça de que você tem o privilégio de poder fazer as perguntas que uma pessoa comum faria, se tivesse a oportunidade. Você está representando o público, ninguém mais.

COMO LIDAR COM OS ASTUTOS

Esteja preparado para resistir à pressão.

Embora possa parecer que as vantagens estejam do lado do profissional de televisão que faz as entrevistas em seus domínios, há uma crença comum entre os jornalistas de que a iniciativa rapidamente passa para o entrevistado experiente que sabe como explorar o veículo. As pressões podem ser notórias, antes, durante ou depois do evento — ou talvez nas três etapas. Em alguns casos, podem ser interpretadas como nada mais do que a legítima e compreensível ansiedade do entrevistado em ser visto nas melhores condições; em outros, uma justificável tentativa de receber um tratamento justo. Infelizmente, em grande número de vezes significa uma inequívoca manipulação de notícias.

Cartas na mesa

Boa parte dessa pressão é direta e nada sutil. Geralmente consiste no estabelecimento de uma ou duas condições para que o entrevistado concorde em aparecer. Entre as exigências mais freqüentes estão a de submeter as perguntas antecipadamente ao entrevistado, não permitir a edição ou fazê-la passar por uma aprovação antes da transmissão, e questões relativas a pagamento.

Às vezes, o entrevistado tentará estipular quem deve conduzir a entrevista ou vetará a presença de outros participantes; e não se surpreenda se novas condições forem impostas às vésperas da apresentação como forma de exercer ainda mais pressão. Não há nada como a ameaça de uma desistência de última hora por parte de uma estrela para fazer com que o mais determinado dos repórteres reveja suas perguntas.

Os sutis

Alguns entrevistados, geralmente pessoas que ocupam cargos públicos importantes, têm plena consciência da influência que exercem. Eles conhecem os programas e os entrevistadores que provavelmente lhes proporcionarão mais evidência, dispondo-se a comparecer ou não. Conhecem o suficiente sobre a mecânica da elaboração de um programa para explorar os complicados arranjos às vezes necessários na construção da matéria. Sabem que uma demora de "algumas horas" em responder à solicitação de entrevista de um produtor sobrecarregado pode ser

Antes da entrevista

Relacionamos a seguir algumas das condições que os entrevistados costumam estipular antes de aceitar o convite:

ENTREVISTAS INDIVIDUAIS
Aceitarão somente se:

- a transmissão for ao vivo
- tiverem uma posição garantida no programa
- concordarem com a duração
- as perguntas lhes forem submetidas com antecedência
- aprovarem o entrevistador
- puderem ver antecipadamente qualquer outra matéria
- não houver edição da gravação
- antes da transmissão, puderem ver e aprovar a gravação

ENTREVISTAS MÚLTIPLAS
Aceitarão somente se:

- puderem vetar outro participante
- puderem garantir um tempo mínimo
- puderem garantir a "última palavra"
- puderem vetar a distribuição dos lugares

Outras manobras:

- ameaças de desistência antes de começar a entrevista
- intimidação do entrevistador

Durante a entrevista

- fugir das perguntas
- insistir em fazer afirmações
- interromper
- chamar o repórter pelo primeiro nome
- simular raiva
- ir embora

Após a entrevista

- queixas sobre o tratamento
- insistência para que lhes peçam desculpas
- insistência no veto à gravação
- ameaças de ação legal

Entrevistas difíceis

É perfeitamente legítimo para o entrevistado estabelecer condições antes de concordar em aparecer, embora você deva estar atento a possíveis manipulações. No final das contas, tudo dependerá da importância da entrevista. Uma vez aceitas as condições, porém, respeite-as.

155

usada em benefício próprio, especialmente se a sua presença depende da de outros.

Treinamento para entrevistas

Muitos dos maiores expoentes na técnica de conceder entrevistas foram instruídos por jornalistas profissionais contratados para oferecer treinamento para enfrentar uma câmera. Não se trata apenas de aprender a evitar perguntas inconvenientes. Aqueles que costumam aparecer regularmente na televisão são aconselhados sobre postura, comunicação e vestuário. Para quem não é considerado telegênico, a recomendação é ficar longe da tela. Acredita-se que o telespectador provavelmente será persuadido por aquele que tiver uma boa presença e habilidade na articulação das palavras.

O ENTREVISTADO NO ATAQUE

Evite altercações antes da transmissão.

Seria errado supor que todas as entrevistas para a televisão sejam arranjadas com respeito mútuo e a devida consideração às necessidades de ambos os lados, com vistas a proporcionar um serviço ao público. Infelizmente, nem sempre é assim. Discussões intermináveis sobre detalhes aparentemente triviais ocorrem nos bastidores antes que os participantes cheguem ao estúdio. Vale enfatizar, no entanto, que aqui estamos considerando principalmente matérias relacionadas a notícias ou potencialmente controversas, e não *talks hows* ou outras formas de entrevista para entretenimento.

Enfraquecendo o entrevistador

Às vezes, uma boa apresentação na televisão faz maravilhas para um político com a popularidade em baixa — seja com seus pares, seja com o público. É compreensível, portanto, que ele tente aproveitar qualquer vantagem psicológica que se lhe ofereça. Não se deixe surpreender por táticas que antecedem a entrevista, que podem incluir críticas ao seu trabalho, num tom de brincadeira e ao mesmo tempo sério, e queixas sobre transgressões reais ou imaginárias por parte de colegas ou da empresa em que você trabalha.

Desconsiderando a pergunta

Em algum momento de uma entrevista importante, o entrevistado experiente poderá fazer uso da eficiente manobra que consiste em não dar ouvidos à pergunta do entrevistador e responder qualquer outra coisa. Felizmente, a maioria sinaliza antecipadamente o que está para vir com uma resposta que essencialmente diz: "Eu acho que na verdade você entendeu mal. Bem mais importante é que..."

Outros entrevistados não se preocupam com tais sutilezas. Em vez disso, saem pela tangente ou criam uma impenetrável cortina de fumaça verbal, através da qual é praticamente impossível avaliar se a pergunta de fato foi respondida. Se você não tomar cuidado, logo a entrevista fugirá ao seu controle.

Seja paciente. Repita a pergunta e, se necessário, diga por que está fazendo isso. Contanto que seja educado e não pareça exigente demais, o público ficará do seu lado.

Outras manobras

Outra manobra muito utilizada é mostrar-se condescendente com o entrevistador, tratando-o pelo primeiro nome.[8] É extremamente difícil fazer perguntas duras a alguém que parece tão disposto a cooperar e ser amigável. O jeito é você usar o tratamento adequado.

Problemas após a entrevista

Mesmo que uma entrevista tenha corrido bem, não há garantias contra queixas desagradáveis por parte daqueles que se arrependeram do que disseram ou não disseram. Protestos de que uma entrevista gravada foi distorcida pela edição devem ser levados a sério.

A PARTICIPAÇÃO DO PÚBLICO

O repórter como árbitro.

A maior parte dos programas que envolvem notícias trata de assuntos sérios e é conduzida dentro de algum tipo de estúdio. O público "lá fora" é mantido do outro lado do aparelho de televisão.

---

8. O que não é comum na Grã-Bretanha. (N. do T.)

Clientes astutos
Uma entrevista imaginária em três atos para a televisão.

ANTECEDENTES: a maneira como o governo vem conduzindo a economia não tem dado certo, e há apelos para que os responsáveis por essa política peçam demissão. Um político importante, cuja posição é reconhecidamente vulnerável, concordou em dar uma entrevista ao vivo num programa sobre assuntos do dia-a-dia.

PRIMEIRO ATO: ANTES DA TRANSMISSÃO
(Cenário: uma ante-sala. O político está sendo atendido por um maquiador enquanto discute o tema com o entrevistador, um experiente repórter de televisão. Eles se conhecem bem.)

P.: Ora, Bill, você sabe que eu estou sempre disposto a cooperar, mas você não vai fazer nenhuma pergunta capciosa, vai?

E.: Bem, John, é claro que vou ter de fazer perguntas gerais sobre a situação econômica e depois, mais especificamente, se você acha que haverá alguma mudança de orientação. Você sabe, sua posição é meio vulnerável.

P.: Você vem me dizer isso! Mas não exagere. Ninguém vai lhe agradecer por tentar abalar a confiança no que estamos fazendo. Apesar de tudo, não vejo por que devo sacrificar minha carreira política por causa de algum programador de computador incompetente.

E.: Vamos, você sabe que eles o protegerão. Seja como for, eu vou ter de fazer a pergunta.

P.: (melancólico) Provavelmente. Mas não prometo que vou responder.

SEGUNDO ATO: NO ESTÚDIO
(A entrevista está em curso.)

E.: Sr. Jones, as próprias cifras do governo mostram que as coisas não estão indo tão bem como tinha sido previsto. O que o senhor acha que deu errado?

P.: Bill, você e eu sabemos que a pergunta que realmente devia ser feita é por que a administração anterior deixou a situação chegar a ponto de ser preciso tanto tempo para controlá-la.

E.: Mas será que a situação estava sendo consertada ou vocês simplesmente tinham perdido o rumo?

P.: Se você conhecesse economia, saberia que mesmo as políticas econômicas mais eficientes e fortes são afetadas pela demanda industrial e pelos padrões comerciais do resto do mundo. Certamente você concordará que fizemos grandes avanços nesses últimos anos.

E.: Sr. Jones, qual a sua resposta para aqueles críticos dentro do governo que não concordam que tenha havido qualquer avanço, dizendo que já é hora de introduzir novas idéias e novas pessoas para implementá-las?

P.: Eu lhe disse antes de começar a entrevista, Bill, que eu não iria responder a essa pergunta, caso você a fizesse. Mas vejo que, como sempre, a imprensa não está interessada em questões importantes, só em boatos e rumores que envolvam personalidades da vida pública.

E.: Sr. Jones, vou colocar a questão da seguinte maneira. O sr. acha que é certo para a política econômica do país estar nas mãos de pessoas em quem alguns membros do governo parecem ter perdido a confiança?

P.: Bill, nós dois conhecemos bem este jogo. É uma irresponsabilidade de sua parte continuar tentando fazer uma pergunta que eu já respondi.

E.: Mas o sr. negou-se a respondê-la, não foi?

P.: Eu respondi a sua pergunta dizendo que não vou fazer comentários sobre rumores e especulações sobre minha posição. Portanto, sugiro que mude de assunto...

TERCEIRO ATO: APÓS A ENTREVISTA
(Cenário: a sala de recepção.)

P.: (*alegre*): Acho que correu tudo bem, Bill, não foi? Obrigado. Agora, que tal tomarmos aquele drinque?

No entanto, alguns dos apresentadores/repórteres mais carismáticos e experientes, que demonstram capacidade de enfrentar desafios mais difíceis, são chamados para *shows* de convidados nos quais a participação do público é um ingrediente essencial.

Programas de "mesa-redonda" que fazem uso desse tratamento são conduzidos em estúdios ou em salões de tamanho razoável. Geralmente são descontraídos e informais, mas os temas abordados — por exemplo, questões sociais e ambientais, saúde, política — costumam ser bem sérios. Cada um deles tenta oferecer uma apresentação diferente, mas a forma atualmente está bem definida e as diferenças são apenas superficiais.

A forma do programa

Uma forma típica de um desses programas consiste em dois ou mais grupos escolhidos por causa de suas opiniões opostas e um público de partidários e neutros. As perguntas podem ser preparadas previamente ou surgir de modo espontâneo do público ou dos espectadores. Você talvez fique sentado na extremidade de uma plataforma, de frente para o público, ou o "palco" poderá localizar-se no meio, como num teatro de arena.

Como anfitrião, cabe a você deixar que os participantes defendam sua causa (em termos razoáveis), questionem-se uns aos outros, respondam explicitamente as perguntas do público e ao mesmo tempo garantam o entretenimento do público. Você também tem de intervir em certas ocasiões para "arbitrar", obter esclarecimento, admoestar aqueles que fogem às perguntas, ser duro com os entrevistados que tentam apropriar-se do programa e estar atento ao relógio — a não ser que não haja limite de tempo.

Esteja preparado

Esses programas são transmitidos ao vivo, ou gravados "como se fossem ao vivo", sem edição. Outros são gravados cerca de uma hora antes da transmissão, para permitir a redução do tempo. O objetivo é proporcionar entretenimento e bom jornalismo, portanto esteja dentro desse espírito.

Se a intenção do programa é refletir temas atuais, procure estar atualizado sobre aquilo que é importante. A maioria dos jornalistas invariavelmente está, embora até os melhores possam ser apanhados de surpresa. No mínimo, a preparação deve consistir em alguns recortes de jornais separados para possível uso numa emergência. Pesquise as principais persona-

Participação do público
O público é parte integrante em alguns programas. O grande teste para o anfitrião é manter a fluência das perguntas e respostas, sem deixar que alguém domine as ações. No programa Kilroy, o anfitrião é o ex-político Robert Kilroy-Silk. (Cortesia BBC Central Stills)

gens antes do programa. Se for uma série, você poderá encontrar os participantes mais destacados num almoço ou num jantar para discutir um esboço geral dos temas. Trata-se de uma oportunidade para os menos experientes se descontraírem sem prejudicar a espontaneidade.

TALK SHOWS
Talk shows — *bem mais difíceis do que parecem.*

Nem todos os anfitriões de *talk show* possuem antecedentes no jornalismo e nem todos os jornalistas querem ser apresentadores de *talk shows*. Não é difícil, porém, perceber como as aptidões necessárias para o trato com a notícia e com os assuntos do dia-a-dia podem ser adaptadas a programas mais longos para televisão ou rádio, baseados em entrevistas.

161

O cenário

Em termos puramente televisuais, os *talk shows* ao vivo são programas simples e sem muita sofisticação. O cenário geralmente consiste numa cadeira para o entrevistador e sofás ou poltronas para os convidados. As entrevistas costumam começar com apenas uma pessoa, depois outros entrevistados se juntam a ela, de modo que no final de 30 ou 40 minutos o entrevistador tem de lidar com quatro ou cinco participantes — tarefa nada fácil, às vezes, quando todos querem ter a primeira e a última palavras.

Entretenimento

Mais ainda do que os programas de participação do público, os *talk shows* fundamentalmente se propõem a entreter o telespectador. É comum fazer brincadeiras com os cachês que as "estrelas" convidadas exigem. Mas esses programas são bem mais complexos do que parecem. Podem continuar ou fracassar, dependendo da habilidade do entrevistador em extrair um diálogo interessante de indivíduos que às vezes se mostram maçantes, pouco articulados, mal-humorados, embriagados e até mesmo — em casos extremos — violentos.

A intuição jornalística lhe dirá até onde ir em busca de temas embaraçosos ou irrelevantes. Alguns *shows* prosperam apoiando-se em controvérsias. Se isso for intencional, ótimo. Mas se a orientação é manter um ambiente leve e superficial, não saia dos trilhos.

Os convidados

Os apresentadores de *talk shows* costumam ser apoiados por pesquisadores que se esforçam para encontrar convidados interessantes.

Alguns programas voltam-se para assuntos atuais. Os convidados podem estar vagamente em evidência ou constar de uma lista de nomes posta em circulação por agentes, hotéis ou linhas aéreas ansiosos em promover a atividade de sua famosa clientela.

Celebridades que na maior parte do ano dizem que estão muito ocupadas para aparecer na televisão, tornam-se disponíveis quando estão prestes a estrear uma nova peça ou publicar um livro. Começa então um carrossel de participações numa sucessão de programas semelhantes, num intervalo bem curto de tempo.

Talk shows
O objetivo é uma informalidade descontraída e uma conversa divertida entre entrevistadores famosos e seus convidados. Terry Woogan (1) para a BBC e Frank Bough (2) para a Sky News. (Cortesia BBC Central Stills, Sky News)

Os críticos às vezes se queixam de que os *talk shows* podem ser influenciados por agentes ou publicitários que, desejando ver seus clientes na tela, jogam um programa contra o outro para conseguir o melhor negócio, o maior tempo, o programa de maior audiência e o anfitrião mais popular ou complacente. Os editores desses programas devem refletir com cuidado antes de decidir até que ponto os convidados podem fazer propaganda de suas mais recentes atividades comerciais.

TELEFONEMAS NO AR
Mostre interesse por aquilo que o telespectador tem a dizer.

Os programas com telefonemas no ar tendem a ser considerados um fenômeno recente. Entretanto, embora constituam uma técnica mais apropriada para o rádio, em que se podem obter horas de programação barata pedindo aos ouvintes que telefonem (geralmente às suas próprias expensas) e falem sobre os mais diversos assuntos, esses programas têm uma longa história de apresentação também na televisão (os arquivos da BBC registram em julho de 1954 um programa com telefonema no ar em televisão para a transmissão de um programa de partido político).

Criaram-se séries de programas com telefonemas no ar, muitos deles uma habilidosa combinação de ação em estúdio e perguntas por telefone. Política, temas sociais, assuntos de interesse do consumidor e cartas de ouvintes são alguns dos tópicos que costumam ser focalizados; e uma vez recrutado como anfitrião, voluntariamente ou não, é provável que você tenha de apresentar longos programas ao vivo, quase sempre de madrugada.

Atingindo o equilíbrio

Os programas com telefonemas no ar mais simples são aqueles em que você, sozinho, responde às chamadas do público sobre algum tema preestabelecido. Em outros, você terá de lidar com um ou dois convidados, um público no estúdio e uma sucessão de chamadas. O segredo aqui é jogar com todos os elementos, mantendo a fluência do programa nos intervalos entre as chamadas.

Provavelmente, você contará com ajuda nos bastidores. Participantes em potencial falam primeiro com um pesquisador/produtor sobre a questão que desejam levantar. Assim, evitam-se repetições, mantém-se o equilíbrio entre as argumentações e também introduzem-se novos temas. Além disso esse procedimento é uma proteção contra aqueles que porventura queiram dizer grosserias ou obscenidades no ar.

Alguns programas têm um dispositivo de gravação que retarda a pergunta o tempo suficiente para ser interceptada. Telespectadores bem intencionados são orientados para esperar, ou recebem uma chamada de retorno quando chega a sua vez.

Concentre a atenção em quem está ao telefone

Sua função é atuar como intermediário, interpondo-se quando necessário para que o telespectador receba a resposta apropriada. Alguns participantes perdem a língua no momento em que são convidados a fazer sua pergunta, e você deve ajudá-los, interpretando ou esclarecendo, conforme a necessidade. Não se deve permitir que o telespectador pareça ridículo ou fique inseguro sobre quando falar. Os nomes dos participantes provavelmente lhe são passados pelo fone de ouvido, ou um monitor de televisão que se encontra fora da vista do público. Acostume-se, porém, a escrever quem é cada pessoa, de onde ela vem e o ponto principal da pergunta; assim poupará constrangimentos. Permita a formulação de perguntas extras e procure não cortar abruptamente a palavra do seu interlocutor. Agradecer polidamente ao participante pela contribuição é uma maneira elegante de dizer que o tempo se esgotou.

QUANDO AS COISAS DÃO ERRADO
Acima de tudo, não entre em pânico.

Nem mesmo o profissional mais experiente está imune às possíveis catástrofes que podem se abater sobre qualquer programa de televisão ao vivo. A tecnologia moderna não é tão vulnerável à pane como no passado, mas ainda há muita coisa que pode não dar certo. O sistema de computadores cai, as câmeras dão defeito, as luzes falham — sempre, é claro, nos momentos mais inoportunos. As conexões via satélite, que estavam funcionando perfeitamente durante o ajuste técnico, antes da transmissão, apresentam falhas misteriosas, não sobrando tempo para substituições. Sonoras de vídeo aparecem com imagem, mas sem som, ou com som, mas sem imagem, ou com as imagens certas com o som errado, e vice-versa. O tele-*prompter* eletrônico emperra.

Há também o elemento humano. "Erro de digitação" é o eufemismo para qualquer erro de produção que faça, digamos, o mixador de imagens

165

na sala de controle confundir a tomada da Câmera Um (*close-up* da apresentadora) com a tomada da Câmera Dois (*close-up* do apresentador palitando os dentes). *Scripts* redigidos de última hora para cumprir o prazo de fechamento são o pesadelo de todo editor de noticiário. O *script* talvez tenha sido concluído, mas o vídeo que o acompanha pode estar incompleto. O convidado pode não chegar porque o motorista de táxi enviado para apanhá-lo foi para o ponto de encontro errado. "Agora o nosso repórter na Casa Branca/no número 10 da rua Downing/no Departamento de Estado/na sede do sindicato" — mas a tela está vazia.

Intrusos indesejados

Intrusos protestando pelos direitos das minorias passam pela segurança e se acorrentam numa câmera no início de um noticiário assistido por milhões de pessoas. A apresentadora principal continua com a transmissão como se nada tivesse acontecido, enquanto seu parceiro abafa os gritos de um manifestante com o fundilho das calças.

Mantenha a calma

A única coisa a fazer quando acontece alguma catástrofe é manter a calma. Às vezes um pedido de desculpas vem a calhar. Há quem diga que não tem sentido chamar a atenção para um pequeno erro técnico que o telespectador normalmente não costuma perceber. Por outro lado, é tolice ignorar uma sucessão de calamidades óbvias, fingindo que nada aconteceu. Geralmente, a sala de controle do estúdio ajudará você com instruções ditadas por meio do fone de ouvido ou, em alguns casos, do telefone de emergência em sua mesa. O procedimento mais comum é passar para a próxima matéria logo que possível, enquanto os aspectos técnicos são resolvidos nos bastidores.

A pior coisa que os apresentadores podem fazer, no entanto, é dar a impressão de que isso não tem nada a ver com eles e a falha é resultado da ineficiência de algum outro setor. Tal atitude é imperdoável.

ÚLTIMAS OBSERVAÇÕES SOBRE ENTREVISTAS
Trate seus convidados com diplomacia e educação.

E finalmente... lembre-se de que os entrevistados são seus convidados. O modo como forem tratados determinará a atitude deles em relação a você e à sua empresa, e se — caso valha a pena — aceitarão um futuro convite. É vantajoso para você que eles apareçam no lugar certo, na hora certa. Só convide um entrevistado que você sinceramente pretenda entrevistar. Caso contrário, será uma grande descortesia.

São inevitáveis as ocasiões em que considerações editoriais significam "descartar" no último momento um convidado que compareceu de muita boa vontade. Peça copiosas desculpas.

Pagar ou não pagar?

Convidados que participam de programas de notícias geralmente não esperam ser pagos, embora você não possa pressupor que todos disponham de seu tempo gratuitamente. Se a entrevista, no entanto, tiver de ser paga, é razoável oferecer uma pequena quantia a título de compensação, despesas com viagem ou transporte.

Cuide do seu convidado

Não ignore os entrevistados quando eles chegarem. Se não puder recebê-los pessoalmente, tenha alguém disponível para guiá-los até o estúdio ou sala de espera. Avise-os do que está acontecendo e quando devem entrar em cena. Seja hospitaleiro: para tanto, basta oferecer uma xícara de café.

No ar

Seja polido, claro, mas não se exceda nos cumprimentos verbais. Eles tendem a retardar os procedimentos normais. Alguns entrevistados, nervosos, não conseguem parar de falar; quando você quiser interrompê-los, faça com que o vejam inclinar-se para a frente. Outros desviam o olhar ao responder às perguntas. Um posicionamento adequado da cadeira ajudará. De outra forma, faça uma pergunta direta de modo que olhem para você. Não deixe que entrevistados inquietos recebam cadeira giratória, ou provavelmente ficarão girando até saírem do enquadramento.

Ilustrações

Se você pretende ilustrar a entrevista com gráficos, vídeo ou matérias trazidas pelo convidado (o que costuma acontecer em tele-revistas), verifique se há tempo para os preparativos; será preciso montar no estúdio tomadas de câmera separadas ou fazer mudanças na iluminação. Se houver alguma possibilidade de as ilustrações não aparecerem na hora certa, ou de aparecerem deslocadas, esqueça-as.

Como dizer até logo

...é tão importante como dizer olá. Você não precisa dizer "obrigado" na frente das câmeras, mas não se esqueça de fazê-lo depois, particularmente. Se possível, ofereça sua hospitalidade e transporte de retorno.

DOCUMENTÁRIOS

Sua chance de se destacar.

Mais do que nos noticiários e programas de notícias, os documentários permitem ao jornalista explorar um tema em maior profundidade. Além do mais, muitos têm uma "assinatura" que torna possível ao repórter deixar de lado a imparcialidade exigida na programação diária em favor de uma visão pessoal raramente expressa.

Forma e conteúdo

O documentário não tem roteiro padrão preestabelecido: portanto, forma, conteúdo e duração ficam abertos à interpretação individual. O campo de ação é bem amplo, e é por isso que muitos repórteres criativos, limitados pelas restrições do jornalismo noticioso, de bom grado agarram qualquer oportunidade para fazer um documentário. Outros não se sentem bem com a liberdade que lhes é oferecida e ficam irritados com a relativa morosidade do processo de produção, além da ausência de responsabilidades editoriais.

Isso porque a força diretriz geralmente é o produtor, que pode passar várias semanas pesquisando um assunto antes de tomar a decisão de continuar. O repórter aparece somente no final para conduzir entrevistas já providenciadas e para dar voz a *scripts* redigidos por outra pessoa; mas o grau de envolvimento depende da natureza e dos recursos do programa. Produtores de séries — mesmo os de maior prestígio — não dispõem necessariamente de seu próprio repórter, tendo de contar com apresentadores contratados a cada programa.

Cuide dos convidados
    Às vezes é difícil fazer um entrevistado parar de falar. Se não quiser interrompê-lo no meio de uma frase, incline-se para a frente (1), indicando assim sua intenção. Se for responsabilidade sua posicionar os convidados no estúdio, não deixe que pessoas inquietas tomem assento em cadeiras giratórias. Elas poderão sair do enquadramento (2).

A produção do documentário

A realização de um documentário é uma atividade mais rigorosa do que a busca de "notícias", fato que se reflete no tamanho da equipe de produção. Uma típica equipe de documentário, fazendo um trabalho de campo, pode reunir seis pessoas, sem contar o repórter, cujas funções e responsabilidades variam de acordo com o hábito e a prática.

O líder provavelmente é o produtor/diretor, o qual atua como encarregado geral, combinando responsabilidades financeiras, editoriais e de criação que nos filmes de longa-metragem são separadas. A assistente de produção (geralmente são mulheres) às vezes atua como pesquisadora e também cuida de todos os detalhes da organização pré-produção, o que inclui providenciar tudo para a viagem da equipe. No local, ela cuida da continuidade, *script* e conteúdo. O operador de câmera trabalha com o produtor/diretor na composição e enquadramento de cada tomada; já o serviço de manuseamento da câmera e de colocação do filme é responsabilidade do assistente de câmera. O técnico de som pode igualmente ter um auxiliar para tomar conta do equipamento e indicar cada tomada com a claquete. Quando necessário, a equipe é completada por um eletricista que às vezes conta com a ajuda de um assistente, no caso de grandes e complicadas produções.

A UTILIZAÇÃO DO FILME

Apesar do vídeo, o filme ainda existe.

Apesar da comodidade e mobilidade introduzidas pelo vídeo no mundo altamente competitivo do jornalismo eletrônico atual, a técnica de filmagem continua a ser praticada em alguns lugares onde rapidez não é prioridade. Muitos documentários ainda são rodados em filmes de 35 ou 16 mm, preferidos pela qualidade da imagem e precisão na edição manual. Alguns editores de imagem dizem também que o manuseio físico do filme estimula seus instintos criativos, o que não acontece com a edição eletrônica.

Técnicas de filmagem

Antes de ocorrer a revolução do vídeo no final da década de 70, os fabricantes de películas haviam introduzido o filme de 16 mm, equivalente à transparência em cores de 35 mm do fotógrafo amador, um posi-

As seis etapas para se fazer um documentário

Estrutura do documentário

A realização de um documentário exige disciplina; em alguns casos, os detalhes de forma, conteúdo e *script* são decididos previamente. O objetivo é sustentar o interesse durante uma reportagem que pode durar de 15 minutos a uma hora ou mais. É possível fazer um planejamento cuidadoso para criar picos de interesse em intervalos determinados.

tivo original para projeção que dispensava a revelação. Aqueles que fazem documentários tendem, porém, a continuar com o processo convencional do tipo negativo-positivo, em que o primeiro exame é feito a partir da revelação das imagens e o original fica guardado sob condições de laboratório, livre de poeira, riscos ou de manuseio incorreto durante a edição. Só após juntadas as imagens, primeiro num corte preliminar e depois num corte final, o negativo original é produzido e editado exatamente de acordo.

Som

O sistema de som mais usado na filmagem de documentários é o sistema duplo (ou então magnético separado) ou som sincronizado (som *sync* ou som *sincro*). Aqui o operador de câmera obtém a imagem enquanto o técnico de áudio grava o som num gravador de alta qualidade, utilizando fita magnética de 3/4 de polegada. Câmera e gravador trabalham separados, mas estão conectados eletronicamente para manter o sincronismo. Na operação, o início de cada tomada é indicado pelo uso de uma claquete, embora às vezes seja mais conveniente dar a indicação com um *end board* invertido. Uma vez concluída a filmagem, o filme é revelado separadamente e a fita é regravada numa superfície de óxido ferroso.

Utilizando o vídeo e o filme

Embora possam preferir o filme, produtores e diretores geralmente fazem uso prático da tecnologia eletrônica. As imagens são facilmente transferidas para formato de vídeo, podendo-se examiná-las e revê-las à vontade. Assim, as decisões preliminares sobre forma e conteúdo são feitas sem desperdiçar valiosos recursos operacionais. A edição *off-line*, uma montagem intermediária de som e imagens do vídeo, também pode ocorrer nessa fase, proporcionando ao editor de imagem uma orientação precisa para os cortes no negativo original.

NARRAÇÃO
Regra do comentarista: saiba quando ficar quieto.

Se você tem uma boa voz e o dom da palavra, poderá ser designado como narrador numa ocasião especial. A narração, prima direta da

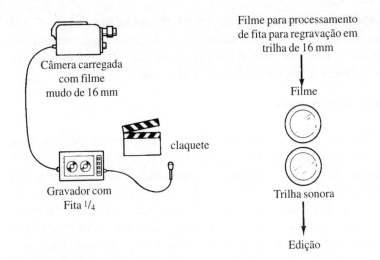

O som do filme

Muitos produtores de documentários preferem o filme ao videoteipe. O sistema duplo (também conhecido como som *sincro* ou *sepmag*) usa separadamente um gravador para gravar o som em sincronia com o filme.

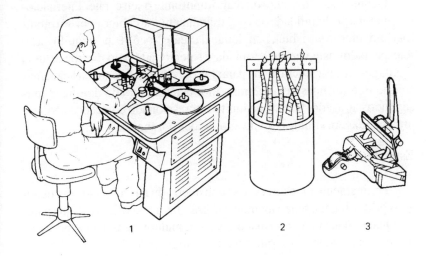

Equipamento para edição de filmes
(1) Moviola, (2) varal onde as tomadas escolhidas são dispostas em seqüência, e (3) coladeira. Os filmes cortados são emendados com uma fita adesiva transparente.

reportagem, pode ser ao vivo ou gravada "como se fosse ao vivo". Não há, portanto, uma segunda chance para corrigir os erros, embora uma edição criteriosa da trilha sonora possa poupar alguns rubores. Mas nunca é bom supor a possibilidade de alteração.

Primeiros princípios

A essência de uma boa narração para a televisão é a combinação de palavras e imagens. Assim como na reportagem, o narrador deve complementar aquilo que o telespectador está vendo. A dificuldade consiste em trilhar um caminho entre a informação útil que auxilia a compreensão e a irrelevância irritante que nada acrescenta. O planejamento é essencial. Aproveite os ensaios das cerimônias ou de outros espetáculos, por mais esquemáticos que possam ser. Faça seu próprio reconhecimento do local, e mais uma ampla pesquisa. Assim, você poderá julgar quando será necessário suavizar os momentos tediosos. A vantagem é que provavelmente você não estará sendo focalizado durante a apresentação, portanto faça pleno uso do *script* já preparado; no mínimo, esteja pronto com algumas passagens importantes ou observações detalhadas.

Quanto maior o evento ou mais importante o seu caráter internacional, maior a probabilidade de você trabalhar numa cabine com um monitor e um microfone labial, bem longe da ação. Você vê tudo aquilo que o telespectador está vendo; a tomada é selecionada pelo diretor de uma montagem multicâmera. Suas palavras devem acompanhar a ação, mas se isso não for possível é bem melhor estar adiantado do que alguns segundos atrasado. Não fique muito impressionado com a ocasião; use uma linguagem simples e evite expressões pomposas.

Esporte

Praticamente todo torcedor se considera um narrador tão bom quanto os profissionais, senão melhor. A coisa é bem mais difícil do que parece. Quanto mais bem informado você for, melhor; será menos provável que cometa aqueles erros que deixam os aficionados loucos da vida.

O segredo é saber quando se calar e deixar que a ação fale por si mesma. Em alguns esportes há uma obsessão por estatísticas, mas o bom senso diz que a melhor narração é aquela na qual o comentarista se limita à identificação e interpretação, confirma a imagem e evita que uma torrente de fatos se interponha entre o telespectador e o jogo.

Narrações
É importante não ficar muito impressionado com a ocasião. Use uma linguagem simples e sem formalidades. Quanto maior o evento, maior a probabilidade de você ficar numa cabine, longe da ação. (Cortesia BBC Central Stills)

Previna-se contra qualquer tendência de tratar o esporte como algo menos sério do que outros assuntos.

Capítulo 10
ÉTICA

QUEM É TENDENCIOSO?
A parcialidade corrói a credibilidade.

Diferentemente dos jornais, cujas linhas editoriais freqüentemente se baseiam nas afinidades políticas de seus proprietários, muitas empresas de comunicação são obrigadas, moral ou legalmente, a ser imparciais na cobertura das notícias e se abster de expressar suas opiniões. Para aqueles que sofrem os excessos do lado mais ridículo da imprensa (que lamentavelmente não se limita aos tablóides), é um alívio saber que a sanidade prevalece em algum lugar. A dificuldade que você encontra como repórter de televisão é manter o público totalmente informado sobre questões altamente complexas e de natureza política, ao mesmo tempo em que cumpre seu dever de não tomar partido.

Uma das complicações é a opinião, às vezes partilhada por pessoas de alta posição, de que a decisão de cobrir uma matéria já por si só é evidência de parcialidade. Não há consolo em saber que a tendenciosidade está nos olhos do observador, ou que ao longo da história sobrevive o hábito de culpar-se o mensageiro pela mensagem. A questão é como tornar o círculo quadrado.

Imparcialidade *versus* equilíbrio

Costumava-se acreditar que "imparcialidade" era sinônimo de "equilíbrio". Este não é mais o caso porque o "equilíbrio" — no sentido de igualdade — nem sempre é estritamente justo. Utilizar um cronômetro para garantir que trechos dos discursos de dois políticos de lados opostos tenham exatamente a mesma duração pode ser um desserviço a ambos. Um deles poderá ser mais eficiente na metade do tempo. Um "equilíbrio" perfeito que resultasse nos dois lados se anulando não teria nenhum valor prático nem deixaria o público mais bem informado. Quanto à "imparcialidade", agora é vista mais como uma doutrina do que como definição de um princípio editorial.

Neutralidade

A neutralidade pode ser considerada como uma alternativa. Mas não é possível aplicar essa postura invariavelmente. Existem absolutos morais em relação aos quais é impossível permanecer neutro e civilizado ao mesmo tempo. Verdade e não mentiras; justiça e não injustiça; liberdade e não escravidão. Jornalistas decentes não são neutros diante do racismo ou da crueldade, mas são fiéis aos fatos.

Eqüidade

Na ausência de qualquer outra coisa, a noção de eqüidade parece ser a mais sensata. Pelo menos soa positivo. Também possui o mérito da flexibilidade. Eqüidade, por um lado, pode ser procurar o entrevistado para fazer uma entrevista ao vivo em vez de gravada. Por outro lado, eqüidade também pode ser parafrasear as observações de um entrevistado, ou ainda perguntar a outra pessoa.

OS LIMITES DO BOM GOSTO
Pense em quem pode estar assistindo às cenas de violência.

Para os satélites artificiais da rede global de comunicações não faz diferença se os sinais de televisão transmitidos de um lado a outro do mundo representam as imagens terríveis de um deslizamento de terra na Colômbia ou o pitoresco frenesi de um carnaval no Rio de Janeiro. A geografia e as operações técnicas permanecem as mesmas.

Os repórteres de televisão, assim como os médicos, encaram a violência, a morte e o sofrimento humano como um aspecto normal de sua rotina diária num mundo complicado que se transforma rapidamente. Como os médicos, ou eles se habituam a tudo isso ou não conseguem ser eficientes. A única maneira de alguns repórteres suportarem, durante anos a fio, a cobertura de histórias sobre terrorismo ou outros tipos de violência é deixarem crescer uma camada protetora de indiferença. Às vezes, ela se torna espessa demais; quando isso acontece, eles reconhe-

Diretrizes da eqüidade

• *Diga aos prováveis entrevistados por que você quer fazer a entrevista.*
Eles têm o direito de saber como você pretende utilizar essa colaboração e em que contexto. Esteja preparado para uma recusa.

• *Proteja suas fontes.*
Mas cuidado com os riscos legais. Em alguns casos, a recusa pode resultar em multa ou mesmo prisão.

• *Atenha-se aos fatos.*
Não ceda à tentação de especular, a não ser que tenha informações das quais poderá tirar as devidas conclusões. Se a oposição quiser assumir o risco, deixe-a.

• *Escolha os adjetivos com cuidado.*
Podem ser interpretados mal. Melhor ainda, evite adjetivos. Reportagens bem redigidas, acompanhadas de boas imagens, raramente precisam de enfeites.

• *Guarde suas opiniões para você.*
Despendê-las não é uma atitude profissional — e o público está mais interessado no que o entrevistado tem a dizer.

• *Evite a parcialidade.*
É tão errado defender os fracos porque são fracos quanto favorecer os importantes e poderosos.

• *Não tente compensar*
Se você não tem simpatia por um argumento, não tente compensar de maneira tendenciosa inclinando-se para o outro lado.

• *Não tente tirar vantagem.*
As pessoas de um modo geral não estão familiarizadas com os meios de comunicação. Não utilize os truques do ofício.

• *Observe e registre.*
Você tem o dever de testemunhar injustiças. É seu trabalho observar e registrar objetivamente. Deixe que o público tire suas próprias conclusões.

• *Trate os outros como gostaria de ser tratado.*

cem em si próprios uma ausência de reação humana a cada nova atrocidade e param para pensar.

O telespectador em sua casa não tem a menor idéia sobre as emoções daqueles que decidem quanto desse mundo cruel pode ser visto com segurança.

O perigo na presença do repórter

Em algumas situações, a presença do repórter e de sua equipe pode inflamar as paixões e provocar acontecimentos que não ocorreriam se eles não estivessem lá para testemunhá-los. Esteja sempre atento ao potencial de manipulação e evite registrar atos de violência que parecem estar sendo encenados para você. Quando em dúvida, esconda a câmera.

Cenas de violência

Ao testemunhar cenas violentas, não creia que esteja agindo de maneira responsável incluindo-as na cobertura e esperando que seus superiores decidam se devem cortá-las na edição. Você é que deve julgar se elas acrescentam ou não alguma coisa à sua reportagem.

Evite *close-ups* de poças de sangue, pedaços de corpos ou corpos inteiros identificáveis para os parentes. Planos gerais podem ter a mesma eficiência.

Leve em consideração quem estará assistindo e quando. Crianças ou pessoas sozinhas podem ficar facilmente perturbadas.

Sua responsabilidade

Não deixe que nenhuma dessas dificuldades o faça esquecer-se de sua responsabilidade em realizar uma reportagem justa e honesta. Pese isso com o risco de ofender o considerável *lobby* de opinião que prefere continuar ignorando qualquer coisa que seja repugnante ou violenta. Essas pessoas devem ser tão consideradas quanto os *voyeurs*, ou aqueles que, motivados por uma genuína preocupação com seu semelhante, desejam saber toda a verdade, por mais dolorosa que seja.

Violência: código de regulamentação

O Conselho de Controle de Qualidade da Radiodifusão, preocupado principalmente com a exibição de violência e sexo e com padrões de bom gosto e decência na televisão e no rádio, foi criado em 1988 pelo governo britânico. Em fevereiro de 1989, publicou um projeto, seguido de uma versão revisada, depois de seis meses de discussões com as empresas de radiodifusão. Os parágrafos sobre violência nos noticiários e nos programas de atualidades são reproduzidos na íntegra. Reflita sobre a sua importância.

CONSELHO DE CONTROLE DE QUALIDADE DA RADIODIFUSÃO — CÓDIGO DE REGULAMENTAÇÃO [EXCERTO]

A — Violência nos Noticiários

1. *Boletins de Notícias*
(a) *Televisão: A Matéria-Prima*
As comunicações no mundo moderno tornam possível aos boletins de notícias refletirem quase instantaneamente os eventos que ocorrem em qualquer parte do mundo. Já faz alguns anos que toda matéria-prima da cobertura flui em abundância para as salas de redação, quer se relacione a uma ação terrorista em Beirute, uma tentativa de salvar baleias aprisionadas no gelo do Ártico ou um desastroso lançamento em Cabo Canaveral. Ultimamente, tem aumentado o envio de matérias completas, editadas em locações distantes, seja pela própria empresa de radiodifusão, seja por uma agência de notícias totalmente independente. O controle editorial unificado torna-se cada vez mais impraticável, com todos os riscos aos padrões que isto acarreta. As direções das empresas de radiodifusão devem portanto ter o cuidado de garantir que as pessoas responsáveis pelas decisões editoriais estejam conscientes dos princípios que devem seguir. A oferta de serviços noticiosos diários numa seqüência rotativa de matérias, algumas repetidas várias vezes em ciclos sucessivos, é crescente. É preciso estar atento a cada ciclo para assegurar a contínua adequabilidade do material e evitar a possibilidade de que exibições repetidas promovam a indiferença ou reações súbitas.

(b) *Televisão: Cobertura das Imagens*

Para a maioria do povo britânico, o único contato com violência da vida real continua sendo pela mídia, especialmente a televisão. É a mídia que lhes traz as notícias de bombardeios na África do Sul, acidentes nas estradas ou o assassinato de reféns no Oriente Médio. A função das empresas de radiodifusão não é falsificar a situação de um mundo onde há muita violência e brutalidade. Mas ao evitar cair nesta armadilha, é preciso evitar cair em outra, que passaria para o público um agravamento injustificado de qualquer ameaça real à sua segurança física ou mental. Por exemplo, os idosos assustados com as conseqüências de se aventurar fora de casa à noite podem passar a ter um medo irracional dos riscos reais de fazê-lo. A escolha das palavras deve ser feita com extremo cuidado ao colocar em perspectiva as imagens que as acompanham.

(c) *Televisão: Graus de Explicitação*

Quando cenas de violência são necessariamente incluídas em boletins de televisão, o fato de a violência geralmente acarretar conseqüências sangrentas não deve ser atenuado. Não é o caso, porém, do comunicador forçar um julgamento moral no público, e sim cuidar para não prolongar injustificadamente cenas de vítimas de acidentes ou a evidência sangrenta da violência. A decência pede que se deixe morrer em paz aqueles que assim puderem e somente em raríssimas circunstâncias deve-se estender a transmissão no momento da morte. A repetição de tais incidentes em transmissões posteriores deveriam ser restritas e sua importância histórica (por exemplo, o assassinato do presidente Kennedy) levada em conta. Outra consideração relevante é a natureza do programa para o qual é proposta a retransmissão. Finalmente, dizer a verdade sobre um incidente é a tarefa do repórter; cabe ao público trazer essa verdade para casa. Não se pode esquecer que, para o público, uma exibição por demais intensa da violência às vezes leva à repugnância, e não à comunicação de uma verdade sobre o incidente retratado.

(d) *Televisão: O Público Infantil*

Os boletins de notícias agora são transmitidos o dia todo em muitos serviços de televisão. Em certos horários, o público telespectador é formado por grande número de crianças, atraídas pela tela provavelmente por causa das imagens. Os critérios praticados atualmente pelas empresas de radiodifusão na escolha de cenas em diferentes horários do dia devem continuar, já que as imagens, em comparação com as palavras, podem causar um efeito desproporcional nas crianças. É justificável que um boletim transmitido no final da noite apresente um maior grau de violência explícita do que aquele que passa no começo da tarde ou da noite. A questão não é ocultar a realidade, uma vez que as palavras podem comunicar ao público fatos que, nessa hora do dia, seriam pictoricamente inaceitáveis. Qualquer que seja o horário, no entanto, a informação que acompanha as imagens precisa ser colocada no contexto adequado. A maior parte da violência tem origens que podem ser explicadas, mesmo que não defendidas.

(e) *Rádio: Considerações Gerais*
Embora o rádio não enfrente os problemas criados pelas imagens, deve no entanto lidar com as questões apresentadas pelo caráter imediato de sua capacidade de responder aos eventos-notícias, geralmente maior do que na televisão, e a dificuldade em manter uma perspectiva sobre a violência que ele noticia. As primeiras palavras de um repórter podem ser cruciais para a compreensão de um evento por parte do público. Ao reportar certos tipos de crime, como a agressão sexual, o tempo de transmissão deve ser levado em conta e o grau de detalhamento precisa ser adequado à provável presença no público de um significativo número de crianças.

(f) *Crime Violento*
Há poucos crimes sem vítimas, e nada deve ser feito para esquecê-las. Violência sexual ou violência dirigida a idosos, crianças ou pessoas deficientes precisam ser noticiadas com especial atenção à hora do dia em que o boletim está sendo transmitido. Embora em alguns casos as vítimas de agressão possam estar preparadas para ser entrevistadas, o abalo que acabaram de sofrer deve ser considerado sem que se tire vantagem disso.

(g) *Lidando com Criminosos Violentos*
Ao noticiar crimes violentos, é necessário evitar a glorificação do criminoso e de suas ações. O uso de apelidos que possam suavizar sua imagem deve ser desencorajado. O fato de, na ficção, alguns criminosos assumirem características românticas não deve nos tornar cegos diante da realidade. Um criminoso violento e condenado, por exemplo, continua sendo um criminoso mesmo que consiga fugir da cadeia. Ao fim de longos julgamentos criminais, não é raro os boletins de notí-

cias dedicarem um longo tempo à recapitulação dos eventos que levaram à acusação. Tais recapitulações não devem apresentar os réus como figuras heróicas ou lendárias. Nem os criminosos nem seus parentes e asseclas devem sair lucrando com o relato de suas histórias.

2. *Atualidades e Documentários*
(a) *Geral*
Os princípios que regem a retratação da violência e se aplicam à apresentação de notícias aplicam-se igualmente aos programas de atualidades e documentários, incluindo a atenção ao horário, o não prolongamento indevido dos resultados das ações violentas (mas por outro lado a não atenuação de suas conseqüências) e o não incitamento e a não glorificação do crime. A mesma cautela exigida em boletins de notícias para certos tipos de violência é necessária em programas que lidam com material menos atual. Embora programas baseados em arquivos ofereçam uma substancial e valiosa contribuição à televisão e ao rádio, não se pode esquecer, ao se fazer uso de material histórico ou de um passado não muito recente, que as atitudes em relação a eventos não atuais mudam em velocidades diferentes. Trata-se de uma questão tanto de discernimento e decência quanto de violência. Embora a exibição de soldados da Primeira Guerra Mundial saindo das trincheiras para a morte seja ainda bastante comovente setenta anos ou mais depois, poucas pessoas ainda têm um envolvimento diretamente pessoal com o fato, quer como participante, quer como parente. Mas apenas vinte anos se passaram, por exemplo, desde a exibição do filme que mostra a execução na rua de um simpatizante dos vietcongues, que continua sendo um espetáculo chocante para muitas pessoas. O comentário agitado sobre a catástrofe de Hindenburg antes da guerra ainda é doloroso, enquanto a explosão do Challenger sobre o Cabo Canaveral é uma tragédia viva para muitos dos que a testemunharam na televisão na época em que ocorreu ou imediatamente depois. Em resumo, quando se recorre a uma série de horrores para fins de ilustração, é preciso cautela.

(b) *Reconstituição de um crime*
É importante, na reencenação de um crime como parte de um programa destinado a ajudar a polícia, não enfatizar excessivamente os aspectos dramáticos do incidente, incluindo qualquer violência utilizada, nem discutir com detalhes desnecessários as armas empregadas.

OUTROS CÓDIGOS DE CONDUTA

Não deixe que outros interesses interfiram em seu trabalho.

Jornalistas, organizações profissionais e empregados de empresas de comunicação e de outros setores da mídia têm publicado suas própria diretrizes, em Manuais de Estilo, Manuais de Redação e Códigos de Conduta Profissional. Essas publicações pretendem atingir dois objetivos — garantir a coerência estilística, incluindo ortografia e uso detalhado da linguagem, e estabelecer regras básicas para o comportamento ético e os padrões editoriais. Entre elas, temos:

- O Sindicato Nacional dos Jornalistas, representando a maioria dos jornalistas sindicalizados que trabalha nas empresas britânicas de radiodifusão e no jornalismo impresso. Seu código abrange um amplo espectro de conduta que inclui padrões profissionais e éticos, defesa da liberdade de imprensa, eqüidade, precisão e proteção das fontes.

- As Diretrizes dos Produtores da BBC, disponíveis tanto para o público quanto para o pessoal da organização, e que estabelecem referências para o comportamento ético no que diz respeito à conduta correta em programas, à imparcialidade, privacidade, reportagem sobre crimes, terrorismo, bom gosto e decência, violência e muitas outras questões relevantes.

- Em 1989, os editores britânicos de jornais nacionais entraram em acordo em relação a um código comum. O reconhecimento da necessidade de aperfeiçoar a auto-regulamentação foi publicada com a discriminação de seis tópicos: Respeito pela Privacidade, Oportunidade de Resposta, Correção Imediata, Conduta dos Jornalistas, Raça e Cor. Também concordaram em estabelecer um sistema de representantes dos leitores para rece-ber queixas e verificar violações do código.

A conduta do *Post*

Nos Estados Unidos, o respeitado *Washington Post* comprometeu-se a evitar conflitos de interesses ou a apresentação de conflitos de interesses como parte de um rigoroso padrão de conduta e ética. Repórteres e editores não devem aceitar viagens gratuitas ou presentes de suas fontes, tampouco envolver-se em causas partidárias que possam comprometer a imparcialidade do jornal. Convites para refeições são a única exceção à regra que proíbe aceitar "presentes".

Normas do bom senso

Ninguém deseja que você deixe de participar da sociedade em que vive, mas como repórter inevitavelmente estará exposto aos olhos do público. Portanto, é preciso aceitar desde o começo que sua conduta — especialmente fora do trabalho — pode afetar sua credibilidade perante o telespectador. O meu conselho, por mais antiquado que pareça, baseia-se no bom senso: evite qualquer atitude que possa ser interpretada como incoerente com suas responsabilidades profissionais.

O oxigênio da publicidade
Seqüestros e outros incidentes provocados por terroristas têm causado a morte de muitas pessoas inocentes. Ajudaria se tais eventos não fossem noticiados? (Cortesia BBC Central Stills)

O OXIGÊNIO DA PUBLICIDADE

Os antidemocratas também têm direitos?

O dilema moral dos jornalistas de televisão numa sociedade moderna cercada de terrorismo e violência política é retratar os fatos com responsabilidade, sem parecer estar encorajando os espectadores com publicidade. Em 1985, depois que seqüestradores no Oriente Médio utilizaram um avião norte-americano para explorar politicamente os passageiros e a tripulação, fazendo-os aparecer em "entrevistas coletivas", a primeira-ministra britânica, Margaret Thatcher, sugeriu que a mídia — a televisão especialmente — deveria privar os terroristas daquilo que ela chamou de "oxigênio da publicidade". Ela acreditava que restringindo a cobertura de tais ações, podia-se na verdade reduzi-los. Seu apelo por um código voluntário foi recebido com simpatia, mas acabou sendo negligenciado. Três anos depois, a ferida aberta do conflito na Irlanda do Norte levou a uma proibição que pretendia manter as vozes dos terroristas e seus apologistas fora das telas. Se os jornalistas interpretaram isso como censura, a maior parte do público pareceu indiferente.

O dilema do jornalista

Para uma sociedade democrática, essa situação suscita um problema aparentemente insolúvel: até que ponto deve-se dar oportunidades para que aqueles que se empenham em destruir a democracia possam promover meios de fazê-lo? No começo da década de 60, a televisão às vezes permitia-se inadvertidamente ser manipulada por pequenos grupos sem representatividade que, de maneira engenhosa, encenavam demonstrações — provocando propositadamente a reação policial — em dias tradicionalmente tranqüilos e em horários e lugares que praticamente lhes garantiam o máximo de tempo no ar. Era surpreendente como havia pouca confusão quando as câmeras não estavam lá, e como há poucas demonstrações agora em comparação com aquela época inocente.

Ausência de notícias

Até que ponto se deve cooperar com a "autoridade" para manter o "oxigênio da publicidade" em níveis razoáveis? Na Grã-Bretanha, um código voluntário redigido por representantes das empresas de radiodifusão, da imprensa e da polícia aconselha a ausência de notícias nos casos de seqüestro em que a vida está em jogo.

A existência desses acordos não isenta os repórteres em contato direto com a notícia de estar alertas às legítimas necessidades da profissão e do público a que servem. Não devem permitir a manipulação por parte daqueles que procuram controlar a notícia para encobrir suas próprias deficiências, ou por algum outro motivo.

Ao mesmo tempo, como repórter você não está separado da sociedade, e declarações sobre "liberdade de imprensa" encontram pouca receptividade nela quando a liberdade — ou a vida — de outra pessoa está em perigo.

JORNALISMO INVESTIGATIVO
Um projeto a longo prazo pode ser recompensador — ou frustrante.

O termo "jornalismo investigativo" é livremente aplicado por muitos jovens repórteres àquilo que consideram o lado romântico, se não sombrio, da profissão. Eles se vêem descobrindo injustiças e corajosamente desmacarando-as. Têm como exemplo o escândalo de Watergate e o papel desempenhado por jornalistas — no caso Carl Bernstein e Bob Woodward, do *Washington Post* — na queda do presidente Nixon em 1974.

Mas o jornalismo investigativo, quando devidamente conduzido, é um negócio dispendioso que demanda tempo. Jornais que lidam seriamente com isso reconhecem que se trata de um esforço de equipe que ocupa pesquisadores e repórteres durante várias semanas, talvez meses, examinando um assunto de todos os ângulos para produzir um material que possa finalmente gerar uma matéria.

As dificuldades na televisão

Muito poucas emissoras de televisão podem dispor de recursos de tal magnitude. Encontrar meios de ilustrar assuntos abstratos pode ser extremamente difícil, se o que se quer é precisão e informação. Não é comum repórteres e equipes de reportagem poderem perambular pelo mundo meses a fio em busca de material para um projeto que no fim poderá mostrar-se improdutivo.

É preciso ter cuidado

Todas as reportagens "investigativas" devem ser realizadas com meticulosa precisão. Antes de tudo, é essencial ter certeza de que há alguma coisa a ser investigada. O entusiasmo pode ocultar, mesmo dos mais imparciais, as deficiências de uma história em potencial, e o orgulho permitir que se continue investigando um assunto que, sabe-se, não se sustenta. Nesta altura, é bem melhor desistir e reconhecer o desperdício de dinheiro, em vez de insistir com uma reportagem que não seria satisfatória do ponto de vista profissional ou legal.

Quando vale a pena ir atrás de um assunto, a atenção aos detalhes é crucial. Uma matéria sob outros aspectos bem construída e equilibrada pode ser prejudicada pelo uso de alguns segundos de material de arquivo que dá a enganosa impressão de que é atual. Se estiverem em jogo questões legais, deve-se pedir aos entrevistados declarações por escrito devidamente testemunhadas. Para evitar problemas futuros, é preciso seguir as orientações dos advogados em todas as etapas. Qualquer documento importante deve ser arquivado e guardado. O mesmo se aplica ao material de vídeo, ou filme não transmitido.

Reportagem em profundidade

Reportagem em profundidade geralmente é sinônimo de reportagem longa. Mas a duração não deve ter nada a ver com isso, contanto que o assunto seja cuidadosamente pesquisado e devidamente apresentado.

QUESTÕES LEGAIS (1)

Os jornalistas não estão acima da lei.

Alguns jornalistas se surpreendem ao saber que não estão acima da lei, e que as palavras "imprensa" ou "televisão" não lhes concedem privilégios negados àqueles que se empenham em ocupações mais prosaicas.

A decepção diante desse truísmo é então temporariamente aliviada pela crença genuína de que pelo menos quando trabalham em outros países recebem carta-branca, e que as medidas destinadas a controlar a mídia local não se aplica a eles. Infelizmente, precisam também ser convencidos sobre isso — e lembrados de que deixar um país "hostil" e se dirigir para um lugar mais amistoso de onde possam enviar uma reportagem "ilegal" é uma maneira de contornar as restrições, contanto que não tenham a intenção de voltar. Até os déspotas assistem à televisão e ouvem rádio.

Obrigações legais

Nenhum repórter está acima da lei do lugar onde ele opera. Isso pode ser inconveniente e certamente não estará de acordo com sua própria consciência ou preferência social. Mas não há como fugir à obrigação de atuar dentro do sistema legal, sejam quais forem as deficiências. Caso contrário, até que o sistema mude, estará arriscando a atrair sobre você todo o peso da lei: poderá perder o direito de trabalhar, ser preso ou expulso e ter o equipamento confiscado.

Em raros casos pode-se julgar que vale a pena correr o risco de sofrer duras penas; mas em que momento torna-se desejável desdenhar as leis de algum desagradável regime estrangeiro por uma questão de princípios depende do valor que se dá à necessidade de manterem abertas as vias de comunicação.

Restrições na África do Sul

As restrições impostas pelo governo sul-africano à cobertura de alguns aspectos de seus problemas internos significa que desde o final da década de 80 os representantes da imprensa estrangeira não têm tido a liberdade que desejariam. Mas atuando dentro desses limites pelo menos conseguem alguma cobertura. Ao mesmo tempo, as "advertências de risco" que acompanham as reportagens não deixam dúvidas ao público sobre as dificuldades enfrentadas na obtenção da notícia. Isso está longe do ideal, mas é muito mais do que se pode conseguir de uma cela de prisão. A presença contínua da mídia internacional permite à opinião pública permanecer constantemente atenta aos problemas que envolvem a África do Sul — diferentemente de tantos outros países que dificultam tanto a ação da imprensa que quase não se lembra de sua existência.

QUESTÕES LEGAIS (2)
Mantenha-se atualizado sobre as mudanças na lei.

Mesmo para o jornalista experiente, a lei às vezes pode ser um campo minado; para o principiante destreinado, um pesadelo; e para aqueles que possuem um conhecimento superficial, muito pior.

Um exame detalhado de todas as leis que afetam os jornalistas obviamente não está ao alcance deste livro — existem publicações especializadas que satisfazem a essa necessidade (Greenwood e Welsh, por exemplo, p. 209). Mas um resumo das principais leis que afetam os jornalistas britânicos pode nos dar uma idéia da complexidade das questões legais e dos riscos que correm os jornalistas em geral.

Difamação

A lei da difamação existe para proteger a reputação de cada indivíduo contra ataques injustificados. Há duas ramificações — a detração, que de um modo geral diz respeito à palavra falada, e o libelo, que envolve qualquer coisa escrita ou registrada em outra forma permanente. Uma declaração difamatória feita numa emissora de televisão ou rádio seria classificada como libelo. Nesses casos, o juiz tem de decidir se as palavras que foram alvo de queixa têm um significado difamatório. Cabe ao júri decidir se foram difamatórias.

Desacato às normas do tribunal

Diz respeito à cobertura de um crime e à proteção dada ao acusado. O objetivo é garantir que todo julgamento seja conduzido com eqüidade e sem preconceito, baseando-se na pressuposição da inocência até que seja provada a culpa. A partir do momento em que um caso se torna "ativo", os jornalistas passam a ter limitações quanto àquilo que podem noticiar, havendo restrições adicionais quando há o envolvimento de adolescentes, e crimes como estupro, entre outros.

Direitos autorais e segredos oficiais

O direito autoral existe para proteger o trabalho do autor (consideram-se "autores" os artistas, arquitetos, compositores, escritores etc.). A lei de Direitos Autorais, Projetos e Patentes de 1988 também estabelece o conceito de "direitos morais". Em 1989, foi dado o Consentimento Real às revisões das Leis de Segredos Oficiais, a principal delas aprovada em 1911. O objetivo foi simplificar a lei, mas as mudanças também aboliram a defesa do "interesse público" no controverso Parágrafo 2.

Outras leis

Outras leis que afetam o trabalho dos jornalistas ingleses incluem as informações confidenciais; a Lei das Relações Raciais; A Lei da Proteção de Dados, que diz respeito a dados constantes em computadores, e a Lei da Representação Popular, que coloca restrições à cobertura de eleições.

CONCLUSÃO

A REPORTAGEM PARA A TELEVISÃO NO ANO 2000
Uma revolução na reportagem para a televisão.

Antes de terminar o século, os avanços tecnológicos que marcaram o desenvolvimento da televisão desde o final da década de 70 estarão servindo aos jornalistas de uma nova era.

É provável, portanto, que um tipo diferente de recruta esteja se juntando às fileiras do jornalismo, pois o conceito de "repórter" como mero apresentador será obsoleto, inadequado para o grau de responsabilidade de alguém que combina todas as técnicas e talentos antes divididos por uma equipe. Será a banda de um homem só (ou de uma mulher só).

Equipamento de uma só peça

É claro que ainda existirão as "estrelas", mas as atribuições serão intercambiáveis. Como trabalho de rotina, cada membro da unidade de notícias será treinado para fazer as gravações, ver e editar seu próprio material num editor-*camcorder* leve e portátil de uma só peça e compor o *script* em campo, num *notebook* conectado à base e com acesso a toda uma gama de serviços. O mesmo *link* permitirá ao jornalista do futuro explorar bibliotecas *on-line*, criar, escolher e acessar imagens de fotografias digitais e de bancos de dados gráficos e estar a par das mudanças de seqüência no programa.

A atual tecnologia de vídeo dará lugar a gravadores cassetes que dispensam o uso de fitas convencionais e de partes móveis. O som será estéreo, inalterado por qualquer edição, e o *stand-up* será feito por um holograma gerado por *laser*.

Para transmitir a matéria editada, completa com gráficos e instruções automáticas de produção, será necessário apenas descarregar do seu carro elétrico uma miniantena parabólica, entrar em contato com a base de praticamente qualquer lugar do mundo, utilizando um telefone celular, e enviar som e imagem para um céu cheio de satélites orbitais. Os custos serão reduzidos, dobrando ou triplicando a velocidade de transmissão dos sinais, que então serão gravados e "ampliados" para reprodução normal no outro lado.

Na improvável situação de ter de retornar à base, o jornalista do futuro aparecerá num estúdio diante de câmeras-robôs programadas por um técnico solitário na suíte de transmissão do estúdio, com gráficos e inserções de vídeo controlados por instruções embutidas em *scripts* compostos no computador da sala de redação.

Depois de um difícil dia de trabalho, ao chegar em casa o jornalista do futuro relaxará diante de uma televisão da espessura de uma lâmina, afixada na parede, e com uma magnífica definição resultante de milhares de linhas. Detalhes sobre as tarefas do *dia seguinte* estarão no computador.

O FUTURO DO JORNALISMO NA TELEVISÃO
Uma estrada acidentada?

Ninguém pode prever quantos distúrbios a mais nova revolução da televisão terá de atravessar antes que os serviços de cabo e satélite sejam finalmente estabelecidos como parte da textura da radiodifusão global. Com as evidências das dificuldades que envolvem os efeitos pioneiros da Europa Television e do Super Channel no final da década de 80, provavelmente a estrada será acidentada.

O perigo para o jornalismo

Quer gostemos ou não, o jornalismo de televisão não pode querer continuar intocado diante das batalhas travadas em torno da necessidade de entregar o público às mãos dos anunciantes. O perigo é que para sobreviver num ambiente comercial competitivo — no qual são cada vez mais atraentes os convites para mudar de canal — ele poderá ser forçado a baixar o nível até chegar a uma versão do jornalismo praticado por boa parte dos tablóides.

Às vezes isso é descrito eufemisticamente como "dar ao público o que ele quer", aparentemente um objetivo bastante louvável, mas com freqüência uma desculpa para abandonar a reportagem de questões mais difíceis e complexas em favor de uma mistura de informação e entretenimento. O jornalismo de televisão não serve para ninguém se for reduzido a *flashes* de imagens e a uma série de segmentos inexpressivos de 15 segundos, no fim dos quais a reação do telespectador será: "e daí?" E aqui o avanço da nova tecnologia é uma perfeita desvantagem. Visto que praticamente qualquer pessoa com uma câmera de vídeo na mão pode filmar imagens aceitáveis sob as mais diversas condições, o rígido profissionalismo editorial que agora prevalece dará lugar à filosofia que se sustenta em qualquer coisa que se movimente e possa ser rotulada de "ao vivo" ou "exclusiva".

Além disso, há uma tendência para denegrir o jornalismo de televisão como ofício, acreditando-se que não passa de um rádio com imagens, e como tal não requer técnicas especiais. O resultado, já evidente, infelizmente, pode ser visto na apresentação de alguns repórteres que não foram devidamente preparados para a sua função.

O ímpeto para a mudança

Por outro lado, mais jornalismo de televisão não significa necessariamente pior qualidade; pelo contrário, se a intensidade da competição forçar a atual geração de jornalistas de televisão a expandir a agenda de notícias, levando-a à análise de novas questões ou a um melhor tratamento das questões antigas, o público estará sendo mais bem servido.

Uma última palavra de advertência. O recrutamento para a televisão das mentes jovens mais brilhantes implica a responsabilidade de proporcionar o melhor treinamento possível, aliado às antigas virtudes da precisão e da eqüidade. A integridade da reportagem de televisão somente permanecerá intacta se aqueles que dirigem os programas não se desviarem de sua determinação de manter altos padrões.

GLOSSÁRIO

Âncora
Principal apresentador de um programa.

Antena parabólica
Antena para recepção ou transmissão de sinais de satélites e de microondas.

Ao vivo
Em tempo real.

Assistente de produção
Jornalista/redator da sala de redação responsável pela forma das matérias de um programa. Poderá ter algumas atribuições em termos de reportagem.

Base
Primeira montagem de fita ou filme editada aproximadamente na duração e forma pré-selecionadas.

Betacam
Câmera de vídeo de $1/2$ polegada introduzida pela Sony.

Bird
Satélite de comunicações batizado em homenagem ao *Early Bird* (Pássaro Madrugador), o primeiro satélite lançado pela Intelsat, Organização Internacional de Satélites para Televisão.

Brigada de incêndio
Equipe editorial ou de reportagem designada na última hora para cobrir notícias geralmente em outro país.

Camcorder
Câmera de vídeo combinada com um gravador cassete.

Clipping/cutting
Matéria copiada ou cortada de um jornal ou qualquer outra fonte impressa.

Colaborador
Jornalista *free lance* que presta serviços regulares a uma empresa de comunicações.

Contagem regressiva	Contagem de tempo na ordem inversa para garantir uma transição suave de uma fonte para a outra.
Cu	*Close-up.*
Contraplano	Perguntas que o repórter repete diante da câmera após a entrevista para dar continuidade aos segmentos editados.
DBS	*Direct Broadcasting by Sattelite* (Transmissão Direta via Satélite). Sistema para transmissão via satélite de sinais de televisão para domicílios.
Deixa (*cue*)	Sinal dado para começar ou terminar uma ação.
Diretor de externa	Supervisor editorial de tarefas externas.
Diretor de redação	Executivo encarregado do departamento de redação.
Door-stepper	Entrevista em que se espera o entrevistado sair de um edifício ou de uma casa.
Dublagem	Adicionar ou regravar som em imagens editadas.
Duração	Tempo em que o programa ou matéria fica no ar.
Editor	Executivo experiente encarregado de um programa de notícias.
Editor de notícias	Jornalista experiente que geralmente trata da coleta da notícia.
Chefes de reportagem	Distribuem tarefas para repórteres e equipes de câmera.
ENG	*Electronic News Gathering* (Coleta Eletrônica da Notícia). Equipamento que utiliza câmeras de vídeo portáteis e leves e sistema de gravação de som.
Enquête (vox populi)	Povo fala: entrevistas aleatórias editadas para dar um apanhado geral sobre a opinião de pessoas do povo.
Fixer	Coordenador editorial que acompanha repórteres em campo.

Follow-up	Reportagem baseada em transmissão anterior ou em material já publicado.
Forma	O estilo do programa.
Futuros	Detalhes sobre matéria para possível cobertura futura.
Gerador de caracteres	Método eletrônico para escrever na tela.
Gráficos	O trabalho artístico na televisão.
GV	Abreviatura de *general view* (visão geral).
Hard news	As notícias comuns e mais importantes.
História agendada	Notícia coberta graças a providências tomadas de antemão.
In-cue	Palavras de abertura numa reportagem.
Introdução	Primeira frase de uma notícia.
Lide (lead)	Introdução.
Linha de visão	Direção em que o entrevistado parece estar olhando.
Locação	Posição geográfica de um evento.
LS	Abreviatura de *long shot* (plano geral).
Matéria	O conjunto de textos, sons e imagens que compõe a informação que será noticiada.
Material de arquivo	Cenas de eventos passados mantidas em arquivo.
Microfone de mão	Microfone em forma de bastão muito utilizado em reportagens.
Microfone pessoal (microfone de pescoço)	Microfone leve, preso a um cordão em volta do pescoço ou fixado na roupa.
Minicam	Unidade móvel de câmera eletrônica com capacidade de transmissão ao vivo.
Monitor	Tela com mostrador eletrônico.
Inserção	Tomadas de reações simuladas para uso em *cutaways* de entrevistas.
OC	(Abreviatura de) *on camera* (ao alcance da câmera).
Out cue	Palavras de encerramento numa reportagem.
Out-takes	Material gravado não utilizado.
Pacote	Matéria independente que combina diferentes elementos.

Panorâmica	Movimento horizontal ou vertical da câmera.
Pauta	Informações sobre eventos a serem cobertos.
Ponto	Fone de ouvido pelo qual o repórter recebe instruções.
Produtor	Pessoa responsável por todo um programa ou apenas por uma matéria.
Prova	Ensaio sem câmera.
Radiomicrofone	Microfone dotado de um pequeno transmissor. Não necessita de cabo para conexão ao equipamento de gravação.
Redator	Jornalista que fica na sala de redação e é responsável pelo agrupamento e redação das matérias de um progra-ma.
Rundown	Ordem de transmissão das matérias num programa.
Run up	Tempo necessário para o equipamento técnico atingir a velocidade normal de operação.
Sala de controle	Área técnica de onde se controla a produção no estúdio.
Satélite de comunicações	Equipamento espacial para transmitir sinais de som e de imagem a longa distância.
Segmento de áudio	Trechos sonoros, geralmente uma fala, escolhidos para inclusão em pacotes de notícias.
Shot-list	Meio pelo qual o comentário se encaixa nas imagens a partir de descrição detalhada do conteúdo de cada tomada.
Som natural	O som da realidade.
Som *sync* (som sincro)	Sistema de gravação de som em filme. O som é gravado em sincronia com o filme.
Stand-up	Reportagem externa falada diretamente diante da câmera.
Talkback	Vínculo de som de sentido único entre a sala de controle e uma área técnica.

Talking head	Qualquer entrevistado.
Teletexto	Transmissão de videotexto. Aparece na tela da televisão sob a forma de texto.
Tilt	Movimento de uma câmera sobre seu próprio eixo, para cima ou para baixo.
Tomada de cena	Tomada de um cenário onde se encontra um entrevistado.
Tomada dupla	Tomada ou enquadramento de duas pessoas.
Tripé	Suporte com três pernas fixado à base de uma câmera para manter a estabilidade.
Tx	Transmissão.
U-matic	Sistema de gravação em videoteipe cujo formato é de $3/4$ de polegada.
Upcut	Sobreposição acidental de duas fontes de som.
Videocassete	Cartucho de fita para uso em câmeras e para reprodução em aparelhos de videocassete.
Videoteipe (VT/VTR)	Sistema eletrônico de gravação para som e imagens.
Voz em *off*	Comentário em que o repórter não é focalizado pela câmera.
Wire copy	Material escrito transmitido pelas agências de notícias.

LEITURAS ADICIONAIS

A Code of Practice (esboço). Broadcasting. Standards Council, 1989.
A Style Guide. BBC, 1988.
A Way with Words. John Behague. Brighton Polythechnic, 1984.
Broadcast Journalism (3ª ed.). Andrew Boyd. Focal Press, 1994.
Dictionary of Eponyms. Martin Manser. Sphere, 1988.
Essential Law for Journalists (10ª ed.). Walter Greenwood e Tom Welsh. Butterworths, 1988.
Journalists on Dangerous Assignments. Louis Falls Montgomery (ed.). International Press Institute, 1986.
Journalists at War. David E. Morrison e Howard Tumber. Sage Publications, 1988.
Now the News in Detail. Murray Masterson e Roger Patching. Deakin University Press, 1986.
Producer's Guidelines. BBC, 1989.
Pronouncing Dictionary of British Names. BBC, 1983.
The Handbook of Non-Sexist Writing. Casey Miller e Kate Swift. The Women's Press, 1989.
Television News. Ivor Yorke. Focal Press, 1995.
The Voice Book. Michael McCallion. Faber e Faber, 1988.
Troublesome Words. Bill Bryson. Penguin, 1988.
TV News: building a career in broadcast journalism. Ray White. Focal Press, 1990.
TV News Off-Camera. Steven Zousmer. The University of Michigan Press, 1987.

IVOR YORKE

Foi um nome importante no jornalismo impresso antes de ingressar na BBC Television News, em 1964 como subeditor. Foi repórter, produtor e editor de uma vasta gama de programas de notícias da BBC. Depois de seis anos como Chefe de Treinamento Jornalístico, deixou a BBC para montar sua própria empresa de consultoria em treinamento.

Ivor Yorke faleceu em 1997, antes que a edição brasileira deste livro fosse concluída.

leia também

ATRÁS DAS CÂMERAS
RELAÇÕES ENTRE CULTURA, ESTADO E TELEVISÃO
Laurindo Lalo Leal Filho

Um panorama das relações entre a televisão, o Estado e a cultura brasileiros visto através da história da TV Cultura de São Paulo. Um estudo da evolução da televisão brasileira como o mais abrangente instrumento de ação cultural no país. O livro mostra os bastidores de uma televisão não comercial, com as injunções políticas e econômicas que interferem no seu funcionamento.
REF. 10339   ISBN 85-323-0339-0

...E A TELEVISÃO SE FEZ
Ellis Cashmore

Análise do impacto que a TV causou sobre nossa cultura. São analisados o aumento da violência, a redução do hábito de leitura e a alienação política. A TV é vista como uma das forças básicas em nossa sociedade e um dos pilares da sociedade de consumo. Em estilo agradável e acessível, o livro apresenta conclusões surpreendentes e provocantes.
REF. 10629   ISBN 85-323-0629-2

GÊNEROS E FORMATOS NA TELEVISÃO BRASILEIRA
José Carlos Aronchi de Souza

Único livro em português sobre o assunto. Baseado numa pesquisa de mais de dez anos, o autor identifica as características técnicas e de produção dos diferentes gêneros de programa da TV. Em linguagem clara e acessível, oferece um manual prático para estruturação de programas. Obra imprescindível para estudantes de Rádio e TV, e fundamental na biblioteca de jornalistas, diretores de mídia e professores.
REF. 10859   ISBN 85-323-0859-7

A MELHOR TV DO MUNDO
O MODELO BRITÂNICO DE TELEVISÃO
Laurindo Lalo Leal Filho

Quando se fala de televisão de alta qualidade, a primeira lembrança é a BBC inglesa. As emissoras educativas brasileiras e alguns canais de TV por assinatura transmitem cada vez mais programas produzidos na Inglaterra, onde as emissoras mantidas por propaganda são submetidas a um rigoroso controle público. Este livro analisa o modelo britânico de rádio e TV e seus padrões de qualidade sem comparação no mundo.
REF. 10596   ISBN 85-323-0596-2

IMPRESSO NA

sumago gráfica editorial ltda
rua itauna, 789   vila maria
02111-031   são paulo   sp
telefax 11 **6955 5636**
sumago@terra.com.br

G R Á F I C A
sumago

---------- dobre aqui ----------

CARTA RESPOSTA
NÃO É NECESSÁRIO SELAR

O SELO SERÁ PAGO POR

AC AVENIDA DUQUE DE CAXIAS
01214-999 São Paulo/SP

---------- dobre aqui ----------

CADASTRO PARA MALA-DIRETA

Recorte ou reproduza esta ficha de cadastro, envie completamente preenchida por correio ou fax, e receba informações atualizadas sobre nossos livros.

Nome: _____ Empresa: _____
Endereço: ☐ Res. ☐ Coml. _____ Bairro: _____
CEP: _____ - _____ Cidade: _____ Estado: _____ Tel.: ( ) _____
Fax: ( ) _____ E-mail: _____ Data de nascimento: _____
Profissão: _____ Professor? ☐ Sim ☐ Não Disciplina: _____

1. Você compra livros:
☐ Livrarias ☐ Feiras
☐ Telefone ☐ Correios
☐ Internet ☐ Outros. Especificar: _____

2. Onde você comprou este livro? _____

3. Você busca informações para adquirir livros:
☐ Jornais ☐ Amigos
☐ Revistas ☐ Internet
☐ Professores ☐ Outros. Especificar: _____

4. Áreas de interesse:
☐ Educação ☐ Administração, RH
☐ Psicologia ☐ Comunicação
☐ Corpo, Movimento, Saúde ☐ Literatura, Poesia, Ensaios
☐ Comportamento ☐ Viagens, *Hobby*, Lazer
☐ PNL (Programação Neurolinguística)

5. Nestas áreas, alguma sugestão para novos títulos? _____

6. Gostaria de receber o catálogo da editora? ☐ Sim ☐ Não

7. Gostaria de receber o Informativo Summus? ☐ Sim ☐ Não

Indique um amigo que gostaria de receber a nossa mala direta

Nome: _____ Empresa: _____
Endereço: ☐ Res. ☐ Coml. _____ Bairro: _____
CEP: _____ - _____ Cidade: _____ Estado: _____ Tel.: ( ) _____
Fax: ( ) _____ E-mail: _____ Data de nascimento: _____
Profissão: _____ Professor? ☐ Sim ☐ Não Disciplina: _____

Summus Editorial
Rua Itapicuru, 613 7º andar 05006-000 São Paulo - SP Brasil Tel. (11) 3872-3322 Fax (11) 3872-7476
Internet: http://www.summus.com.br e-mail: summus@summus.com.br